易を読むために

易学基礎講座

黒岩重人

藤原書店

はじめに

易の話をしていて、しばしば当惑することがある。どうもおかしい。話が通じない。互いに「易」について話をしているのに、話していることがどうも噛み合わない。易というコトバを用いてはいるものの、互いにその意味していることが異なっている。人によって、「易」というものに対して持っているイメージが違うのだ。

多くの人達にとって、易とは、占いのことなのだ。「えっ、占ってくれるんじゃなかったの？」と、手相占いの説明をしてくれるものと手のひらを出されて、愕然としたこともある。

もちろん易は、もともとは占いの術であるから、占いを切り離して語ることはできない。しかし、易とは直接の関係はない手相占いや、人相占い、姓名判断、方角の吉凶、星占い、更には部屋のインテリアの吉凶占いに至るまで、これらをひとまとめにして、皆な「易」といわれる。そこでの「易」は、占い一般の総称なのだ。

易の書、いわゆる『易経』は、四書五経（ししょごきょう）の筆頭に置かれて、明治の初頭までは、日本の知識層の必読の書であった。『易経』に対する立場の相違はあっても、その内容を心得た上での、評価なり批判であったのだ。易は、知識層の共通の認識となっていたのである。「明治」という年号も、『易経』の「説卦伝（せっかでん）」の辞（ことば）がその出典である。また、「大正」という年号も、『易経』の「臨（りん）」の卦（か）の辞が、その出典である。

明治の文明開化が進むにつれて、こうした四書五経などの漢学は、古い旧体制の学問として、次第にかえりみられなくなっていった。今では、ごく少数の専門家と易占の実務家の間で読まれている以外は、ほとんど読まれなくなってしまった。

現在、易というコトバを知らない人はいないが、易というものの実際を知っている人は非常に少ない。易は知られているようで、その実、驚くほど知られていないのだ。

いくつかの講座で易の講義をしていて、よく聞かれることがある。「『易経』を勉強したいのですが、よい入門書を教えてください。」

易の書『易経』には、固有の専門用語が使われており、また卦（か）を解読する上での独特なルールがある。それらを心得ていないと、ただ単に『易経』の文字を読んだだけでは、卦を読み解くことはできない。これらの知識は、『易経』を読む前に身に付けておく必要がある。それをせずにいきなり『易経』に取りかかって、「分からない、難しい」と言って挫折していった者を見るにつけ、分かり易い入門書の必要なことを痛感してきた。

「入門書を教えて」と聞かれる度に、いろいろな本を紹介してきたが、実際、なかなかうまくいかなかった。古典としての『易経』の難解な注釈書や、あるいは「易占い」の本ばかりで、『易経』を読むための入門書」がないのである。講座の『易経』の講義では、そのつど必要な事項のプリントを作って補ってきたが、やはりまとまった本として整理する必要を強く感じた。

この本の内容は、次のようなものである。

まず序章は、易というものに対する先入観を取り払ってもらうために、敢えて少々小難しいことを述べた。内容が難しく思える場合には、ここはしばらくそのままにしておいて、第一章から読んでほしい。

第一章は、易の仕組み、専門の用語、八卦(はっか)の象意(しょうい)などの解説である。

第二章は、六十四卦を概観して易の概略を知るために、「序卦伝(じょかでん)」を読む。序卦伝には、『易経』に記載されている順番にしたがって、六十四の卦の名がすべて出てくるので、これを繰り返し読むことによって、卦の形、卦の名前、卦の代表的な意味、これらが無理なく頭の中に入ってくるようになる。

第三章は、易をどのように用いるか、ということで、その応用の仕方と、易による占筮(せんぜい)の仕方を紹介した。

補論は、易が日本に伝来してから今日に至るまでの概略を、いくつかの要点を挙げて述べてみた。

この本が、「易の世界」というものに触れる助けになることができれば、この上もない喜びである。

黒岩重人

易を読むために／目次

易を読むために

易学基礎講座

装丁・作間順子

序

易とはなにか

——知られているようで、知られていない易

1　易には二つの顔がある

易には、二つの顔がある。一つは、占いの書としての顔。もう一つは、哲学・思想の書としての顔。古来から今に至るまで、易はこの二つの顔を持ち続けてきた。

一　占いの書としての『易経』

易は、占いの書物として、今に至るまで読み継がれている。その歴史は古く、中国の古代、春秋時代の『春秋左氏伝（しゅんじゅうさしでん）』及び『国語』という書物に、易を用いて占った記録が十数例記載されている。これ等の記述があることによって、当時において、易がどのように用いられていたかをうかがい知ることができる。

ここに紹介するのは、その記述の一つ、秦（しん）が晋（しん）と戦をするに際してその勝敗を占った、左氏伝巻五の、僖公（きこう）十五年（前六四四）の記述のあらましである。

晋の献公は、晩年驪妃を寵愛した。驪妃は、自分が生んだ子を太子にしたいと望んだ。そこで、献公に讒言して、三人の公子を退けることに成功した。申生・重耳・夷吾の三公子は、他国に逃れて難を避けた。

献公が没すると驪妃は我が子を国君に立てようとしたが、国内は内乱状態になってしまった。そこで、この機に隣国の秦の穆公は、国外に亡命していた夷吾を援助して帰国させ、国君の位に即かせた。これが晋の恵公である。

恵公が帰国するにあたっては、穆公との間に約束が取り交わされた。しかし、国君の位に即いた恵公は、その一つをも実行しなかった。そればかりか、晋が飢饉になった時に、秦は穀物を送って助けたのに、秦が飢饉に陥っても、援助をしないばかりか、秦に穀物を輸送することを禁じたのである。

この全く信義を無視した恵公の行いに、穆公は我慢がならず、ついに恵公を懲罰するための兵を起こすことを決意したのだった。そこで、この戦いの勝敗を、卜官の徒父に占わせたのである。筮して得た卦は、「蠱の不変」であった。これについて、徒父は次のように占断した。

「大吉です。晋は三たび敗れ、我が軍は、晋の国君を捕らえて捕虜にすることになるでしょう。得た卦は『蠱』です。その占いの辞に『千乗三去す。三去の余は、その雄狐を獲ん』とあります。狐は蠱であり、約束を破り、人を騙してばかりいる晋の恵公がそれにあたるでしょう。

得た卦の象については、内卦は風、外卦は山であり、しかも今、季節は秋であります。この季節を照らし合わせて考えてみれば、内卦の我が軍は風をもって、晋軍にあたる外卦の山の木の実を落とし、山の木を木材として切り出します。実が落ちて木材を失って、その山に力として頼りとするものがあるでしょうか？　晋軍の敗れることは明らかです」と。

　果たせるかな、その占いは的中して、晋は三たび戦って三たび敗れ、結局、晋の国君恵公は、韓原において秦の捕虜になってしまったのである。

　この時代、周の朝廷や諸侯においては、重要な決定に際しては、史官による官占が行なわれた。亀の甲羅をあぶって生じた卜兆で吉凶を決めた、亀卜と共に、蓍によって卦を立てて占う筮占が、それである。その筮占の吉凶判定の拠りどころとされたのが、易の書であった。ここに引用されている占いの辞は、現行の『易経』にはない辞である。当時においては、何種類か複数の易の異本があったのであろう。

　後に秦王の政が周の朝廷を亡ぼして中国を統一し、自ら始皇帝と号し、中央集権の強大な権力を掌握した時、思想統制のため、儒教や諸子百家の書物を没収して焼き捨てた。だが、易は、占いの書であるとして、その焚書を免れたのだ。

二　哲学の書としての『易経』

『易経』のもう一つの顔は、思想の書、哲学の書としての一面である。『易経』は、天地の深遠な道理を説いている書物であるとして、尊ばれてきた。

秦の始皇帝が儒教を弾圧してより八十数年を経た、前漢の武帝の時、儒教は漢の王朝の正式な学問として公認され、易・書・詩・礼・春秋の五経博士が任命された。前一三六年のことである。『易経』は、儒教の経典として、その筆頭に置かれることになったのである。

これ以降、『易経』は経書の筆頭としての地位を、保ち続けた。

ところで、『易経』を思想の書として読む立場を、「義理易」という。義理易の学者の代表には、何といってもまず魏の王弼（二二六―二四九）、そして北宋の、伊川先生と呼ばれた程頤（一〇三三―一一〇七）を挙げなくてはならない。

『易経』の䷗復という卦の中に、「復に其れ天地の心を見るか」という一句がある。彼ら義理易の学者が、この句をどのように読み、解釈しているのか、王弼の『周易』及び程伊川の『易伝』によって観てみよう。

王弼の『周易』では、この句に注して、このように述べられている。

「復とは、根本に立ち反（かえ）るということである。天地は、その根本を以て心とする。およそ動（どう）がやめば静となるが、静は動に対するものではない。話すことをやめれば黙となるが、黙は話すことに対するものではないのである。そうであるならば、天地は大いに万物を富有し、雷が動き風が行き、化してさまざまに変化するといっても、寂然（せきぜん）とした静かな無の至りの境地、これこそが、その根本である。だから、雷が地の下にあって休んで動かない（䷗）、つまり静なる状態に、すなわち天地の心を見るのである」と。

王弼は、老子の哲学によって、易を説いている。そこにおいては、「復」の卦は、専ら「根本に立ち反る」という意味に解釈されている。そして、その「本」とは「寂然とした無の至り」であり、それが天地の心であるとしている。

そもそも、この「復」という卦は、卦の最も下に陽爻（ようこう）が復帰してきた、という卦象に基づいて、「復」という卦の名が付けられているのである。王弼は、それを「根本の無に立ち反る」と解釈して、下に一陽が復帰したということ、そしてその陽の気がしだいに盛んになっていく、という方面には、全く眼を向けていない。

一方、程伊川は、彼の著書『易伝』において、こう記している。

「衰えたり長じたりするのは、天の理である。陽剛は、君子の道が盛んになっていくことである。だから、進んで行ってよろしいのだ。一陽が下に復帰する、すなわちこれが天地の物を生ずる心なのである。昔の学者は皆静を以て、そこに天地の心を見るとした。思うに、動のはじめ、これこそが天地の心であることを、知らなかったのだ」と。

程伊川は、天地の心を「天地の物を生ずるの心」と解釈した。そして、天地が万物を生じて止むことのない心は、一陽が復帰してくるという「動のはじめ」において見ることができる、としている。

この句の解釈には、孔子の思想に基づく儒家と、老子の思想による道家との違いが、端的に現れている。

老子の「無」の哲学・「静」の哲学を説く王弼も、儒家の「有」の哲学・「動」の哲学を説く程伊川も、共に自らの哲学の根拠を、『易経』に求めているのである。『易経』をどのように読むのか、ということによって、自らの思索を深めたのだ。

彼等にとって『易経』とは、宇宙の真理を説いた、深遠な哲学の書なのである。

三　易学の二つの流れ──象数易(しょうすうえき)と義理易

(1)　象数易

秦の始皇帝の焚書を免れた『易経』は、漢の時代になると、漢王朝の正式な学問として公認された儒教の経典として、五経、つまり『易経』『書経』『詩経』『礼記』『春秋』の筆頭に置かれることになった。

漢の時代の易学は、象数易といわれる。それは、易の辞の一字一字を、象によって説明しようとし、その卦の中にその象がなければ、爻を動かしたり、陰陽を反対にしたりしてさまざまな工夫をし、あらゆる方法を用いて、卦の辞と象とを対応させようとしたからである。

そのため、その易の理論は、大変に複雑で煩瑣なものになってしまった。

代表的な学者としては、孟喜・京房・鄭玄・荀爽・虞翻らがいる。彼らによって「消息」「卦気」「世応」「爻辰」「卦変」「升降」「旁通」「互体」などの説がとなえられた。

一つの例として、京房（前七八―三七）の「分卦直日法」をみてみよう。

『易経』の六十四卦の内、䷜坎・䷝離・䷲震・䷹兌の四卦を、冬至・夏至・春分・秋分に当て、残りの六十卦を三百六十五日四分一、つまり一年間の日数に配当する。そうすると、一卦は六日八十分の七となり、だいたい一爻がほぼ一日にあたる。こうして、一年のすべての日にちに易の卦の一爻が配当される。そして、その日々は、配当された卦爻の象に、合致しなければならないとした。もし、その日の寒暖風雨の天候、あるいは政治の状況が、配当された卦爻の象と合致しないならば、天地の気が乱れている訳であるから、いろいろな歪みが生ずることになる。こうして、一年の毎日毎日の吉凶を知ることができる、というのである。

これはその一端であるが、このような漢の時代の象数易は、前漢の末期から後漢にかけて多く現れた「讖緯（しんい）」の説、つまり神秘的な予言の説の流行と相まって、盛んに行なわれたのである。この時代の易学を、ひとまとめにして「漢易」という。

漢易には、自然を観察して、それを易理で説明しようという姿勢があり、そこには自然科学の萌芽がみられる。これは評価できる点である。しかしその一方で、易の辞を、すべて象によって解釈しようとした。それは当然にも無理なことであって、その結果、多分にこじつけのような解釈が多くなってしまった。

(2) 義理易

漢の後、魏の国に王弼（二二六―二四九）という若い学者が出た。彼にとって易の書は、真理が説かれている哲学の書であった。彼は「真理がつかめたならば、象（しょう）はいらない」と、漢易の複雑で煩瑣なものになってしまった象・数を、バサッと切り捨ててしまったのである。そして、老子の哲学によって、易を解釈して『周易』を著した。彼は、易は純粋な思想・哲学の書であるとして、義理による易の解釈を説いたのである。このことによって、易は極めてすっきりしたものになった。この義理によって易を説くというスタイルが、この後の易学の基本スタイルになっていく。

周易下經夬傳第五

王弼註

乾下兌上 夬揚于王庭孚號有厲告自邑不利即戎利有攸往 夬與剝反者也剝以柔變剛至於剛幾盡夬以剛決柔如剝之消剛剛隕則君子道消柔消則小人道隕君子道消則剛正之德不可得直道而用刑罰之威不可得坦然而行揚于王庭其道公也

彖曰夬決也剛決柔也健而説決而和 健而説則決而和矣 揚于王庭柔乘五剛也 剛德齊長一柔爲逆衆所同誅而无忌者也故可揚于王庭 孚號有厲其危乃光也 剛正明信以宣其令則柔邪者危故曰其危乃光也 告自邑不利即戎所尚乃窮也 以剛斷制告令可也告自邑謂行令於邑也用剛即戎尚力取勝也尚力取勝物所同疾也 利有攸往剛長乃終也 剛德愈長柔邪愈消故利有攸往道乃成也

象曰澤上於天夬君子以施祿及下居德則忌 澤上於天必來下潤施祿及下之義也夬者明法而決斷之象也忌禁也法明斷嚴不可以慢故居德以明禁也施而能嚴嚴而能施健而能説決而能和美之道也

初九壯于前趾往不勝爲咎 居健之初爲決之始

周易巻五　一

和刻本『周易王弼注』

王弼からおよそ七百年の後、北宋の時代に、程伊川（一〇三三―一一〇七）という学者が出た。彼は王弼の流れを汲み、象・数と卜筮を排除して、専ら「義理」によって易を解釈した。彼の著した『易伝四巻』は、その義理易の結晶である。しかし、王弼が老子の哲学によって易を説いたのとは違って、彼は、儒教の倫理道徳に基づいて易を解釈した。そして、専ら人事を説くことを主眼とした。

(3) 象数と義理との融合の試み

程子からおよそ百年後、南宋に朱子（一一三〇―一二〇〇）が出た。朱子の易に対する立場の特長は、「易は占いの書である」としたことである。彼はそのような観点から、占筮と義理とを融合させることに務めた。そして、そのような立場で、『周易本義』と『易学啓蒙』を著したのだ。

易は、象・数と義理とを兼ねるものでなければならないとして、象・数においても採るべきものは取り入れた。そして、義理については、主として程子の『易伝』によった。朱子が程子を高く評価していたことは、「程先生の『易伝』は義理精にして字数足り、一毫（いちごう）の欠略も無し」といった言葉によっても、うかがい知ることができる。

このようにして、程伊川の『易伝』と朱子の『周易本義』によって、宋代の易学、つまり「宋易」の基礎ができあがった。これ以後、それは元・明・清にわたって盛んに行なわれた。

王弼によって退けられた象数易のいろいろな易説は、その後散逸してしまって、まとまった形では伝わらなかった。しかし、それらはさまざまな占術の中に、理論として取り入れられて、現在においてもなお健在である。ただそれは、正統な易説としての発展ではなく、占いの術としてなのだが。現在行なわれている東洋系の占いの、その源をたどってみれば、そのほとんどが漢代の象数易に、何らかの係わりをもっている。

一方、王弼に始まる義理易は、朱子学の隆盛と共に、東洋系の学術の基礎をなすものとして、学者や知識層の必読書となった。それは、朱子の『周易本義』と程子の『易伝』とを併せ読むことが、一般的な読み方であった。日本においても、江戸時代には、この二つを『易経伝義』あるいは『周易伝義』として、併せて刊行することが行なわれた。

象・数と義理の、この両者をバランスよく学ぶことは、実際難しいことだ。どうしてもどちらかに偏ってしまうのである。今でも、その事情には変わりがない。学者や研究者などは、『易経』を義理の書として読む。一方占術の実務家は、『易経』を占術の書として取り扱う。『易経』を義理の書とする立場からすれば、占術などというものには係わりたくないのだ。また、占術に携わる立場からすれば、学者の易などは、単なる本読みの易でしかない。

この易に対する二つの立場の違いと、その対立は、魏の王弼以来、延々と今日に至るまで続いているのである。

2　易ということば

一　狭義の易・広義の易

『易経』の中において用いられる「易」という文字には、二通りの使われ方がある。その一つは、狭い意味で使う場合であり、もう一つは、もっと大きく、広い意味に使う場合である。そして、この二つは、時には兼ねて用いられることもある。

狭義の易

一例を挙げれば、『易経』の「繫辞下伝（けいじかでん）　第十一章」に、次のような文章がある。

「易の興るや、其れ殷の末世・周の盛徳に当たるか。文王（ぶんのう）と紂（ちゅう）との事に当たるか。是の故に其の辞危うし」と。
（易の卦の辞や爻の辞が作られて、易が大いに盛んになったのは、殷の末期、周の徳が盛んに興ってきた時期に当たるであろうか。周の文王と殷の紂王との時代に当たるであろうか。それ故に、易の卦・爻の辞には、危ぶんで警戒する言葉が多いのである。）

ここにおける「易」という文字は、直接に易の書を指し、あるいはそこに述べられている内容を指している。易の書が作られたのは、殷の末期から周の始めにかけての頃であろうと、その起源について述べている。

広義の易

さて易という文字は、単に易の書を指しているだけではなく、もっと広い意味において使われることもある。次の辞は「繫辞上伝（けいじじょうでん）　第七章」にある辞である。

「天地、位を設け、而して易、其の中に行わる」と。
（天は高いところにあり、地は低いところにあり、おのおのそのあるべき位にある。そして易、則ち陰陽の変化の道は、その天地の間に行われている。）

ここで言っている「易」とは、『易経』という書物から離れて、もっと広く「陰陽の変化の道」そのものを指している。この天と地の間において現れ出た森羅万象は、皆な陰陽の変化によって現れ出たものであり、その陰陽の変化の理法そのものを、「易」というのである。

この二通りの使われ方は、時には兼ねて用いられる場合もある。この世界のさまざまな現象や事象は、陰と陽とが変化することによって生じたものであり、その変化の法則を「易」というのだ。そして、それを写し取って書き著したものが、易の書、つまり『易経』なのである。

「易」という文字は、手相や、家相や、方位の吉凶や、運勢の善し悪しを占うことなどの、占いの術を指すのではないことは、いうまでもないことである。

二　変わるということ・変わらないということ——変易・不易

さて、易は「変易である」という。この宇宙のすべての現象は、変化しないものはない。それは、一瞬にして変化するものもあり、また、非常に長い時間をかけて変化するものもある。その状況はさまざまであるが、いずれにしろ、同じ状態がいつまでも続く、ということはないのである。

一年の気象も、春が来ればやがては夏になり、暑さも峠を過ぎれば、秋風が吹き、冬の寒気が訪れるようになる。必ず季節は移り変わってゆく。人の世でも、盛んな時は、いつまでも続かない。必ずそれが衰える時がくる。永久に不変であるかのように見える石や金属でさえも、やがては風化して、変わってしまうものである。

このように、「変わる」という視点から、一切のものを観ていく。これを「変易」という。英訳の『易経』を「Book of changes」というのも、この意義である。

しかしながら、その一方では「不易」ということを言う。この宇宙の一切は、一定不変であって、少しも変わることがない、というのである。一年の気象は、春夏秋冬の移り変わりはあっても、その四時（しいじ）のめぐりは常に一定であり、不変である。

あるいは、我々人間の肝臓のタンパク質は、おおよそ十日位でその半分が入れ代わるとのことである。我々の肉体を構成している物質は、絶えず死に、絶えず生れることをくり返しているが、その全体は、ほぼ常に一定に保たれている。別のものに変わってしまうことはない。

この「変易」と「不易」とは、ちょっと見ると、矛盾しているように見えるけれども、変易することで不易が成り立つのである。また、全体として不易であるからこそ、絶えざる変化ができるのである。

物や現象を「変わる」という方面から観、同時に「変わらない」という方面から観る。この二つの方面から同時に俯瞰するのが、「易の眼」である。物や現象を一面からだけ観るのではなく、「易の眼」をもって観ていくこと、ここに易の醍醐味がある。

三　乾の卦と坤の卦のはたらき――易と簡

「繫辞上伝」の第一章に、次のような辞がある。「乾(けん)は易(い)を以て知(つかさ)どり、坤(こん)は簡(かん)を以て能(よ)くす」と。ここでは、「易」と「簡」という辞によって、乾の卦と坤の卦のはたらきを述べている。

乾の卦、つまり天は、もともと自分の中に持っている大元気、無尽蔵の大元気を施すのである。やりくりして、無理やりに絞り出して施すのではなく、持っているものを、ただそのまま施すのである。そこには何の無理もなく、何の困難もない。それは極めて容易なことである。これが「易」ということである。

さて坤の卦、つまり地は、乾の大元気を、そのまま、何の作為もなくただそのまま受け容れるのである。えり好みをする訳でもなく、そのままそっくり、容れるのであるから、そこには何の無理もなく、実に従順であり、何の煩瑣なことはなく、極めて簡略なのである。これが「簡」ということである。こうして坤の地は、受け容れた乾の天の大元気の力によって、万物を養い育てることができるのだ。

このように、天を象った乾の卦と地を象った坤の卦のはたらきには、どこにも無理というものがないのである。

このような、乾の卦の「易」と坤の卦の「簡」の徳を学んで、それを手本として事を行なうならば、天下の理法を得、それを身に付けることができる。つまり天下の理法とは、「易」と「簡」、乾の卦と坤の卦のはたらきに他ならないからである。

易を読もうとする前に、我々が知っておかなくてはならないことがある。

第一に、『易経』には「占いの書」と「哲学の書」という、二つの顔があるということ。

第二に、それは、「象数易」と「義理易」という、易学の二大潮流となっていること。

第三に、易という文字が意味するものには、「狭義」と「広義」の区別があること。

第四に、「変易」と「不易」とは、矛盾するものではない、ということ。

第五に、易の最も基本である天のはたらきと地のはたらきは、「易」と「簡」という辞で述べられている、ということ。

これらのことは、易を読もうとする時において、まず心得ておかなくてはならないことである。

1

『易経』を読むために知っておくこと

1　『易経』のなりたち——易の仕組みは、どのようなものか

一　易の組織

『易経』の中で、易というものが、どのような仕組みでできているのかを説明してあるのは、次の四句の文章だけである。ここでは、太極から八卦が成立するまでを述べている。

易有太極。　易に太極（たいきょく）有り、
是生両儀。　これ両儀（りょうぎ）を生じ、
両儀生四象。　両儀、四象（ししょう）を生じ、
四象生八卦。　四象、八卦（はっか）を生ず。

（「周易繋辞上伝　第十一章」より）

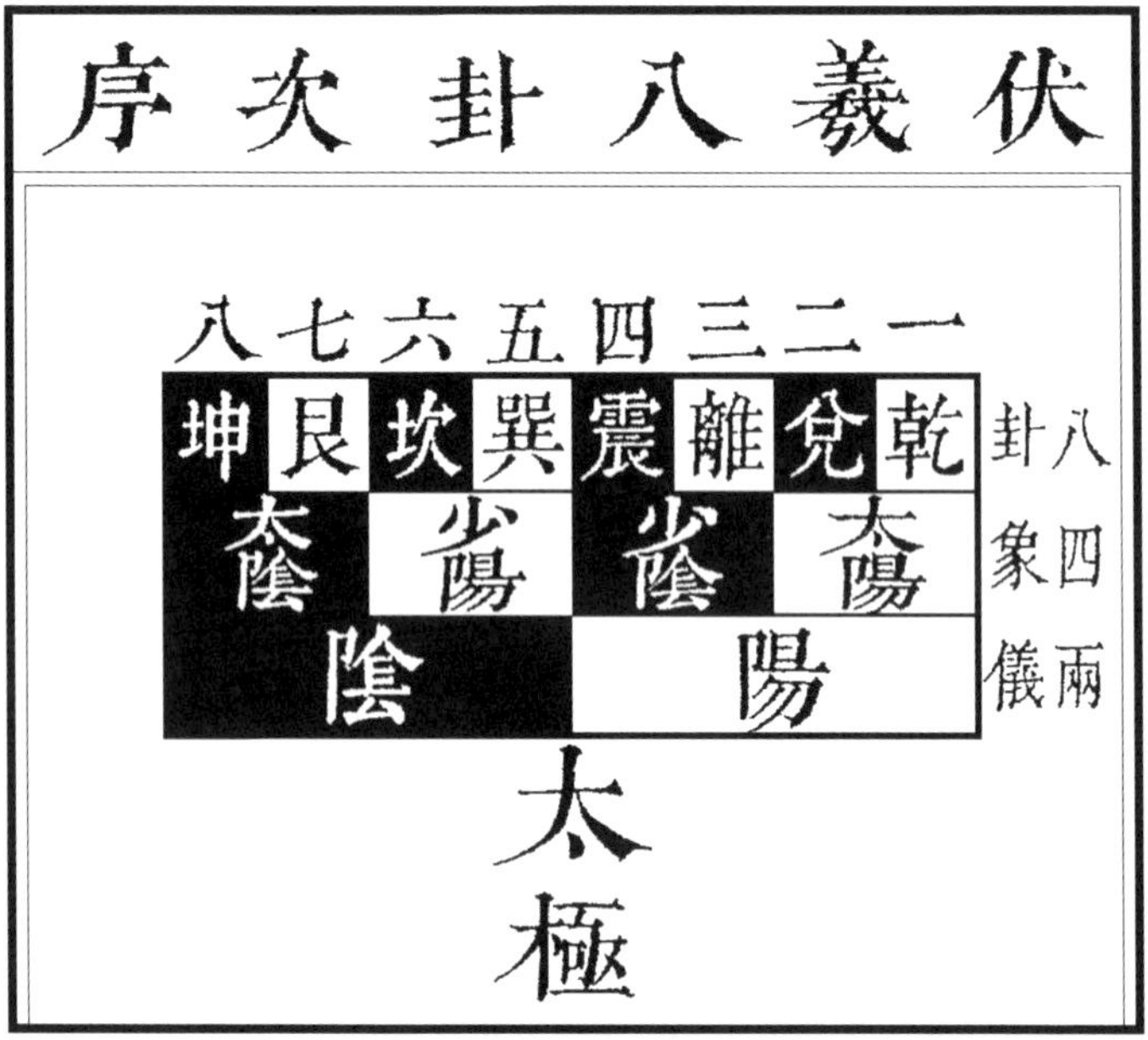

伏羲八卦次序

（1） 太極

太極とは、宇宙の本体である。天地が開かれるその前から、ずっと存在している宇宙の実体である。

大変難しい物の言い方をしたが、こういうより他に、言いようがないのである。そもそも、この宇宙の根本の本体には、もともと名などないのである。しかし、それでは説明することができないので、仮にそれに名を付けて、「太極（たいきょく）」という。

太極について論ずるには、「気」を以て説く立場と、「理」を以て説く立場の二つがある。宋の儒学者の張載（ちょうさい）（一〇二〇―一〇七七）は、「太極は一つの気である」と述べている。一方、同じく宋の時代の儒学者である朱子（一一三〇―一二〇〇）は、「太極は理である」とする立場をとっている。

(2) 両儀

太極は休むことなく活動しているのであるが、太極が動けば、⚊陽と⚋陰とが同時に現れる。これを両儀（りょうぎ）という。

⚊の符号を画して陽に象る。⚋の符号を画して陰に象る。

陰と陽とは一体のもの　陰と陽は、太極の活動の二つの側面なのである。太極から「陽」というものができ、それから「陰」というものができる、ということではない。太極の活動そのものが、陰と陽というかたちで現れるのである。どちらが先で、どちらが後、ということではない。それは、同時に現れる。

陰と陽とは、二つの別々のものではなく、実は、一つのものの二つの側面なのだ。今、目の前にあって見えているものが「陽」であれば、たとえ見えていなくても、その裏面には必ず「陰」が現れているのである。つまり、陰と陽とは一つのものの表裏であって、決して別々の二つのものではない。

ところで、陰と陽とは同時に現れるといっても、我々は、その双方を同時に見ることはできない。実際に直面できるのは、そのうちの片方だけである。

例えば、ある事態に対して、それに積極的に対処しようとした場合、積極的な気持と、消極的な気持とは、実は一人の人の気持の中に、同時に生じ起こっているのである。今は積極的な気持が表に現れているけれども、その裏側には、それと同じだけの消極的な気持が、実は存在しているのだ。ただ、それが表に現れていないだけである。一方のものが大きければ、もう一方のものも、それと同等に大きくなる。

我々が一枚のコインを見る時には、その表面を見るか、裏面を見るか、そのどちらかである。表と裏とを、同時に見ることはできない。見ることができるのは、常に片方だけである。

しかし、物事を観る場合に、その見えているところの状態をよく知っていれば、その見えないところの状態も、そこから正確に推測することができる。見えているところと見えないところの、その二つは、ちょうど符節がピッタリと合うように、相対しているからである。

太極と陰陽の関係は　さて、太極が動いて、陰と陽という二つの「はたらき」として現れると、太極というものはなくなってしまうのだろうか？　あるいは、太極というものから「陰・陽」というものが別に生じうまれて、太極・陰・陽という、三つのものができるのだろうか？

「繋辞伝」の記述に「これ両儀を生じ」とあり、「生」の字があることから、太極というものから「陰」と「陽」という二つのものが発生し、そこからまた「四象」という四つのものが発生し、更に増しふえて「八卦」という八つのものが発生すると、このように理解されていることが多いのだが、決してそういうことではない。説明のために、「太極」と「陰・陽」を、二つに分けて考えるのだが、実際には二つの別物ではなく、一つなのである。太極の活動の二つの現れ、その一方を「陽」と名付け、他の一方を「陰」と名付けたのである。陰陽がそのまま太極なのであり、太極の活動がそのまま陰陽なのである。

易は一元論である　このように、易では「陰」と「陽」の二つを立てて考えていくので、「易は陰陽の二元論である」と言う人もいる。しかし、先に述べたように、陰と陽は二つのものではなく、また「太極」と「陰・陽」も二つの別物ではない。陰と陽は、二つのように見えても、実は、太極の活動の二つの側面であり、コインの裏表のようなものである。そして、陰陽そのものが、そのまま太極なのだ。易は、太極を本体とした一元論として理解することが、とりわけ重要なのである。

(3)　四象

両儀である⚊陽・⚋陰の上に、それぞれ一陽一陰を置けば、二画となるものが四つできる。⚌太陽・⚍少陰・⚎少陽・⚏太陰の四つである。これを四象(ししょう)という。

上も下も共に陽であるものを、太陽という。上が陰、下が陽であるものを、少陰という。上が陽で下が陰であるものを、少陽という。上も下も共に陰であるものを、太陰という。

例えば、人の性格をいう場合を考えてみよう。これを⚊陽の陽性の剛毅な性格と、⚋陰の陰性の柔和な性格とに分けて、説明することができる。しかし、これでは、あまりにも大雑把な説明である。これを四象によってみてゆけば、もう少し詳しい説明ができる。

⚌太陽は、内面も外に顕れている情態も、共に剛毅なものである。

⚏太陰は、内面も外に見える情態も、共に柔和そのものである。

⚍少陰は、内面に剛毅なものを持っていながら、しかしそれを表に出すことなく、柔和な態度を顕している。

⚎少陽は、表には剛毅な印象を顕しているが、その実、内面は意外と柔弱である。見た目の印象に惑わされてはならない。

例えば、ものの位置を表す場合を、考えてみよう。陽と陰では、陽を前方とし、陰を後方とするという、二つの方向だけである。四象によれば、これに左右を加えることができ、前後左右の四方向によって、その位置を表すことができる。

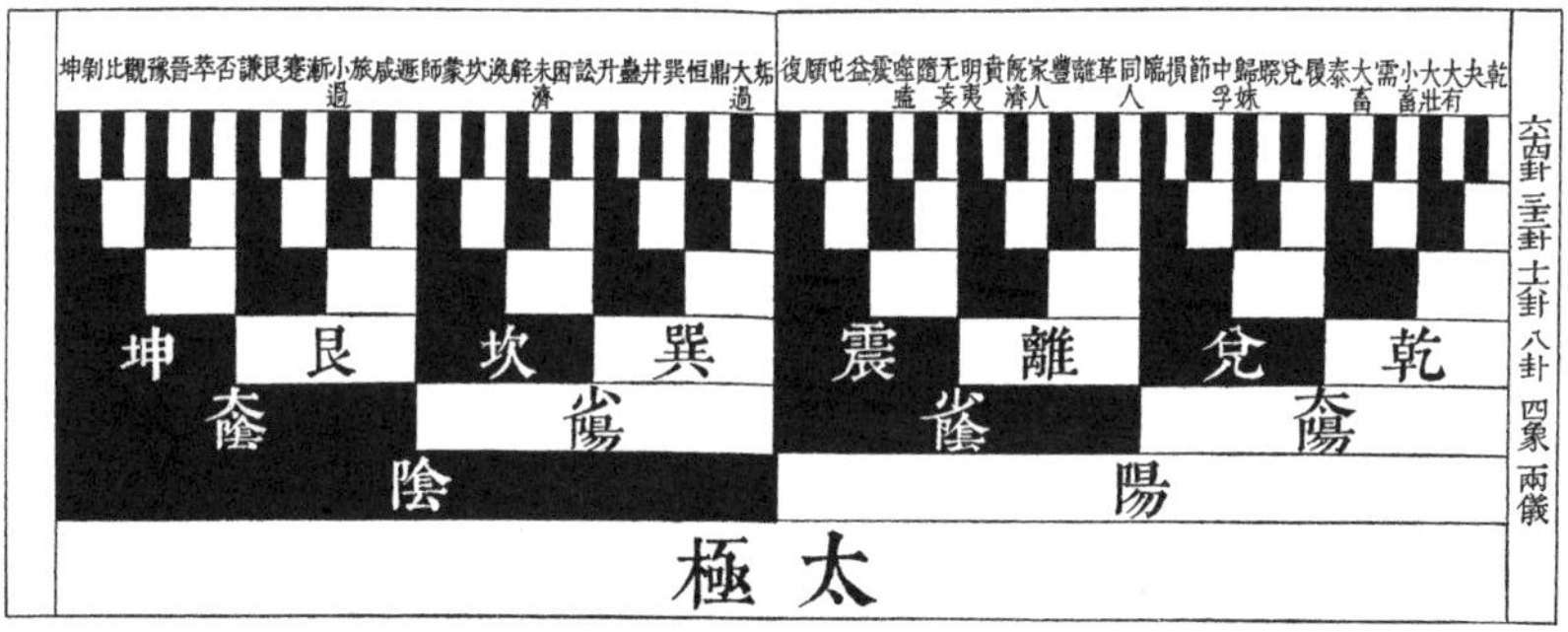

伏義六十四卦次序

(4) 八卦

四象の上にそれぞれまた一陽一陰を置けば、八通りの陰と陽との組み合わせができる。この三画から成るものを、卦（か）という。八つあるので「八卦（はっか）」という。この八つの卦には、それぞれ名が付けられた。☰乾（けん）・☱兌（だ）・☲離（り）・☳震（しん）・☴巽（そん）・☵坎（かん）・☶艮（ごん）・☷坤（こん）である。

この☰・☱など、三画でできている卦を、小成卦（しょうせいか）という。そして、卦を構成している⚊あるいは⚋を、爻（こう）という。

(5) 六十四卦

三画の卦の上に、またそれぞれに一陽一陰を置けば、四画の卦が十六となる。この四画の卦は、『易経』においては説かれていない。しかし、両儀から四象、四象から八卦へとなる道理を推してみれば、八卦が十六卦となることは、容易に理解できることである。更にこの四画の上に各々一陽一陰を置けば、五画の卦が三十二となる。また更に五画の卦の上に、各々一陽一陰を置けば、六画の卦が六十四となる。

またこれは、八卦の上に八卦を重ねたものでもある。八×八、六十四となり、六画の卦が六十四種類できる。この六十四の卦には、それぞれに名が付けられた。こうして、六十四卦・三百八十四爻が完成する。このような䷀・䷁などの、六画でできている卦を大成卦（たいせいか）という。また、これらの卦は六十四あるので「六十四卦」という。

このような六十四卦の仕組みを、図で示したものが、「六十四卦横図」である。この図の右端にある全陽の乾の卦と、左端にある全陰の坤の卦との間に、陰と陽とがさまざまに入り交じった六十二の卦が、整然と配列されている。それは極めて機械的であり、規則的である。これらの一つ一つの卦が、それぞれに他の六十三卦に変ずる可能性を持っている。つまり、六十四×六十四、四千九十六の変化の可能性を持っている。これによって、宇宙間のあらゆる現象の変化をみようとするのだ。これが、易というものである。そして、それを記したものが、易の書、つまり『易経』なのである。

したがって、本来の易には、吉もなければ、凶もなく、道徳も善悪もない。よい卦というものもなく、悪い卦というものもないのである。ただ陰と陽の変化の様式があるだけである。

卦の名　このように、六十四の卦は、この宇宙間のあらゆる変化の様式を、その陰陽の組み合わせによって表しているものである。それは人間社会のことばかりではなく、もっと広い意味合いを含んでいるのであるが、しかし、あまりに広く大きくても、人の社会の実用には用い難いので、古の易の作者は、これを人間の社会の状況に当てはめてそれぞれの卦の意味を解釈し、それに見合った卦の名を付けたのである。

もし、人間社会から離れて、もっと違った視点から、例えば自然界のさまざまな変化の様相を卦の上に観てその意味を解釈し、それを基本としたならば、卦の名も、また違ったものになっていたであろう。

易は儒教だけのものではない　よく「儒教の教典である『易経』」、というように言われることがある。易は、儒教だけのものなのだろうか？

確かに『易経』は、儒教の教典の五経の筆頭に置かれて、尊ばれてきた。だが、必ずしも儒教のものと決まっている訳ではない。『易経』を研究してきた者の多くが、儒教系統の学者であったがために、儒家の間で尊ばれてきたのである。

実際には、儒家以外の学者によっても、研究され読まれてきた。魏の王弼は、老子の哲学によって『易経』を解釈しているし、また、明の時代には、藕益大師智旭という僧が、天台宗の教理によって『易経』を解して『周易禅解』という書を著している。このように、老子の易もあれば、仏教の易もあるのだ。易は、いろいろな方面から、解釈し読むことができるのである。

二　易の書『易経』の構成

易の書『易経』は、本文である「経」と、その解説である「伝」によって構成されている。その内容は、以下の通り。

「経」本文の構成

本文には、「卦形」「卦名」「彖（卦辞）」「象（爻辞）」がある。

「卦形」は、三画から成る上の卦と、下の三画の卦との組み合わせである。「震下坎上」などとあるのがこれである。⚊と⚋の、六画から成る組み合わせには六十四種の形があるので、これを六十四卦という。

「卦名」は、この六画から成る卦の名である。卦に繫けられた辞の最初の文字が、卦の名にあたる。

「彖」は、一卦の全体に繫けられた辞である。卦辞ともいう。易には六十四の卦があるから、卦辞は六十四種あることになる。「象」は、卦の一画ごとに繫けられた辞である。爻辞ともいう。

卦の一画の⚊又は⚋を、爻という。一卦には六つの爻があるから、六十四卦では三百八十四爻になる。したがって、爻辞も、三百八十四あることになる。

「伝」十篇の解説書

本文の解説の書である「伝」は、全部で十篇あるので、これを「十翼」ともいう。それは、次のようなものである。

「彖伝」……彖の伝、つまり卦辞を解説した文である。上篇と下篇の二篇に分かれている。

「象伝」……象の伝であり、大象と小象とから成っている。上篇と下篇の二篇に分かれている。

＊大象とは、卦の構成を説き、それを手本として、一つの教訓を述べているものである。各卦ごとにあるので、六十四ある。

＊小象とは、爻辞を解説した文である。各爻ごとにあるので、三百八十四ある。

「繫辞伝」……易の理論を説いたもの。上篇と下篇の二篇に分かれている。

「文言伝」……乾卦と坤卦の二卦について、解釈したもの。

「説卦伝」……八卦の卦象を解説したもの。

「序卦伝」……『易経』の六十四卦の配列の順序を説いたもの。

「雑卦伝」……六十四卦の意義をきわめて簡潔に、多くは漢字一文字で説いたもの。

易の書（『易経』）

- 経……本文
  - 卦形……卦の形
  - 卦名……卦の名前
  - 彖（卦辞）……一卦全体に繋けられた辞
  - 象（爻辞）……卦の六爻に繋けられた辞
- 伝……解説
  - 彖伝　上・下篇……彖辞（卦辞）の解説
  - 象伝　上・下篇
    - ＊大象→一卦全体の象を解する
    - ＊小象→爻辞の解説
  - 文言伝……乾・坤の二卦の解説
  - 繋辞伝　上・下篇……易の総論
  - 説卦伝……八卦の卦象の解説
  - 序卦伝……六十四卦の配列について説く
  - 雑卦伝……六十四卦の簡単な解説
  - （この十篇の伝を「十翼」と言う）

『易経』は、もともとは経と伝とが分かれていた。「経」を上経と下経に分けて二巻とし、十篇の「伝」を十巻としてそれに付し、全十二巻とした。

後世になると、読むことの便利のために、「経」の中に「伝」の一部分を組み込むようになった。「彖伝」を彖（卦辞）の後に割り付け、「象伝」は、大象は「象伝」の後に、小象は一爻一爻の爻辞の下に分割して配当し、「文言伝」は、乾卦と坤卦の後にそれぞれ付けた。「繋辞伝上下」「説卦伝」「序卦伝」「雑卦伝」は、そのままである。現行の多くのテキストは、この体裁をとっている。

三　経文の成立の伝説

『易経』の成立については、『漢書芸文志』に「人は三聖を更え、世は三古を歴たり」とある。三人の聖人によって、三つの時代を経て、易が作られたのだ、というのである。

伝説の時代

まず伏羲という上古の帝王が八卦を創った。そして、これを重ねて六十四の卦を作ったという。次に炎帝神農氏が興り、連山易が作られた。その次に、黄帝氏が興り、帰蔵易が作られた。この二つの易は、滅びてしまって、今には伝わっていない。文献にその名は記されているものの、それがどのようなものであったのか、知るすべはない。

この時代は、まだ文字はできていなかったから、六画の符号だけの易である。これらの上古の帝王の事蹟は、いわば伝説上の伝承である。

殷の末期、紂王の時代

次は殷の王朝の末期、紂王（ちゅうおう）と周の文王（ぶんのう）・周公の時代である。この時代は、実際の歴史の時代である。

周の文王が、殷の紂王に捕らえられて、幽閉されていた時、易を研究して六十四卦の卦の辞を作ったという。後に漢の司馬遷が「文王、羑里（ゆうり）に囚われて易を演す」と言ったのがこれである。文王の子の周公は、六十四卦のそれぞれの爻に、爻辞を付けた。この二人は親子なので、一代とする。

上古の帝王である伏羲が⚊と⚋を重ねて卦形を作り、文王が卦の辞を、そして周公が爻の辞を作って、ここに易の本文ができあがったのである。これは、周の時代の易であることから、『周易』といわれる。現在において、我々が読んでいる、この「易」のことである。

孔子の時代

周の春秋時代の末期に、孔子が現れた。『史記』の孔子世家によれば「孔子晩にして易を喜び、韋編三絶」とあり、また、『論語』にも「我に数年を加し、五十にして以て易を学べば、以て大過なかるべし」とあり、易の研究に熱心であったことを伝えている。以来、易の十翼は孔子によって作られたとされ、長い間、それを疑う者はなかった。

こうして、易の書は、伏羲に始まり、文王・周公によって辞が繋けられ、孔子がそれに十篇の解説書を付して、この三代の聖人によって作られたのだ、とされてきたのである。

以上の説は、いわゆる歴史的事実ではない。しかし、古来より長い間、人々に信じられてきたことであるから、これをないがしろにして、易を語ることはできない。易を読もうとする者にとっては、必ず知っておく必要のあることである。

易の作者——最も重要なこと

易の書が誰によって作られ、その元の形はどのようなものであったのか、ということについては、近年いろいろな研究が行なわれている。しかし、その確かなことはまだ分からない、というのが実際のところである。易を歴史的な方面から研究する場合には、確かに重要な問題であろうが、現代において易を考えていこうとする我々にとっては、易の作者が誰かということは、たいして重要な問題ではない。それが古の聖人の作であったとしても、あるいはそうでなかったとしても、どちらでもかまわないのである。易というものが、今、現代において、いかなる有効性があるのかということが、最も重要な問題なのである。

2　易の専門用語とは――『易経』を読むために

「『易経』を読んでも、どのように解釈したらよいのか、よくわからない。」

このような声を、ときどき耳にすることがある。『易経』という書物は、ただ読んでみても分からない、難しい古典だ、というようにいわれている。

『易経』を読んで難しいと感ずるのは、易特有の用語が使われているからである。『易経』という書物には、文字と共に符号が用いられている。これが他の古典と大きく異なるところである。この符号についての専門用語と、その用い方のルールを知らなければ、たとえ経文の文字を詳細に読んでみても、易を解読することはできない。

一　易の用語

爻・卦

『易経』では、⚊と⚋の、このような符合が使われる。この一画を爻(こう)という。爻が三つ重なったものを、卦(か)という。これを更に二つ重ねて六画になった場合も、卦という。両方共に卦というので、これを区別して、三画の場合を小成卦(しょうせいか)、六画の場合を大成卦(たいせいか)という。

三画の卦は、全部で八種類になるから、これを八卦と言いい、六画の卦は全部で六十四あるので、六十四卦という言い方をする場合もある。

三才

三才(さんさい)というのは、「天人地」のことである。その「才」というのは、能力、あるいは働きというような意味である。この「天人地」という言葉は、現在においてもいろいろなところで使われているので、よく知られている語である。

天は陽であり、地は陰である。人は、天と地が交わって生じたものである。だから、人の中には天の部分もあれば地の部分もあり、したがって、その両方に通ずることができる。この「人」

というのは、ヒトという意味ではない。天と地とが相交わって生じたもの、つまり万物のことを指している。天地の間に在るもの、つまり万物の中で、最も霊なる者がヒトであることから、代表して「人」という。

天だけでは、そこには地の要素は何もないし、地だけでは天の要素が何もない。人になると、天と地の両方を含んでいるわけで、そこで天にも通じ、地にも通ずることができるのである。『易経』の中に「大人は、天地とその徳を同じくする」とあるのは、このことである。

この三才を三画の卦（例えば☰）に配当すると、一番下が地、真ん中が人、それから一番上が天になる。六画の大成の卦（例えば䷀）に配当すると、一番下と二番目が地、三番と四番目が人、五番目と一番上が天になる。二つずつに配当するのは、地の中に陰陽があり、人の中にも陰陽があり、それから天のところにも陰陽があるからである。

この三才という考え方は、『易経』の辞を解釈する場合に必要となることが少なくないので、ぜひ覚えておいて欲しい。

例えば、『易経』の冒頭の卦、䷀乾の六爻には、次のような辞が繋けられている。

初九。潜龍勿用　（潜龍（せんりゅう）なり。用うること勿れ）
九二。見龍在田　（見龍（けんりゅう）、田に在り）

九三。君子終日乾乾（君子終日乾乾す）
九四。或躍在淵（あるいは躍らんとして淵に在り）
九五。飛龍在天（飛龍、天に在り）
上九。亢龍有悔（亢龍なり、悔い有り）

この六爻は、龍になぞらえて辞が繋けられている。䷀乾という卦の中における龍の六態である。初爻と二爻は三才では「地」であるから、「潜龍……地中に潜っている龍」と言い、「見龍……地上に現れた龍」と言っている。五爻と上爻は「天」であるから、「飛龍……天空を飛翔している龍」と言い、「亢龍……上り過ぎた龍」といっている。ところが三爻と四爻には龍の字はなく、とりわけ三爻には「君子」とある。これは、ここが「人」に当たるからである。龍のごとき徳を備えた君子であるから、龍になぞらえて辞を繋けてもいいのだが、敢えて「君子」と言っているのだ。

内卦・外卦

六画の卦の場合、下の方の三画を内卦といい、上の方の三画を外卦という。卦の内と外ということである。

易は、下から上の方へ数える。これが易のルールである。必ず下から上へ、内から外へ、手前から向こうへ、というのが易の基本原則である。

爻の数え方

この六画の爻を数える場合においても、下から数えていく。その数え方は、一番下のことを初（しょ）という。そして、一番上のことを上（じょう）という。二番目から五番目までは、数字で二、三、四、五と数える。一番下と一番上だけは数字ではなくて、特別な数え方をしている。

そういう訳で、一番下のことを初爻、二番目が二爻、三爻、四爻、五爻、それから上爻、こういう言い方をする。これによって、最下から最上までの六つの段階の、どの位置に当たっているか、ということがわかる。

この順序は、時間的な面でこれをいえば、初爻は事の始まりであり、上爻は事の終わりになる。空間的な面でこれをいうと、初爻は手前、上爻は最も遠い所にあたる。また年齢でいう場合には、初爻は子供、上爻は老人。その間は、各年代に配当していく。

このように、この六つの段階は、時間をいう場合にも、あるいは空間的な距離をいう場合にも、そのほか、いろいろな意味合いでこれを使う。要するに、下から上へ数えるというルールを、さまざまな方面に応用していく、ということになる。

九と六

その次は、「九」と「六」の数である。

この初爻から上爻までの六つの位置には、陽爻があったり陰爻があったりとさまざまであるが、その状態を九と六という二つの数字で表示する。陽の爻を九といい、陰の爻を六という。

例えば、六爻が全て陽爻の場合には、一番下を初九（しょきゅう）、それから九二（きゅうじ）・九三（きゅうさん）・九四（きゅうし）・九五（きゅうご）といい、一番上を上九（じょうきゅう）という。六爻が全て陰爻の場合には、初六（しょりく）・六二（りくじ）・六三（りくさん）・六四（りくし）・六五（りくご）・上六（じょうりく）と、こういう言い方をする。

初爻と上爻だけは、言い方がひっくり返っていて、先に位置をいい、次に陰陽の別をいう。二爻から五爻までは、先に陰陽の別をいい、次に位置をいう。

こうして、九と六の数字と爻の位置とを組み合わせて表示することで、それがどういう位置にいて、その性質が陰であるか陽であるかということが、すぐに分かる。

位の正・不正

この初爻から上爻までには、陰と陽の、本来のいるべき位が定められている。初爻は陽の位、二爻は陰の位、三爻は陽の位、四爻は陰の位、五爻は陽の位、上爻は陰の位、というのがそれである。

この陽爻が陽の位に居り、陰爻が陰の位にいることを、位を得ているとか、あるいは正を得ている、という。陰爻が陽の位にいたり、陽爻が陰の位にいたりして、位が食い違っているのは、位が不正であるとか、位を得ていないとか、そのような言い方をする。

さて、実際の六十四卦においては、六爻が全て位が正しいという卦は、ただ一つしかない。『易経』の六十三番目の卦、䷾既済(きせい)だけである。初爻から上爻までの六爻が、全て位が正しく、完

位の正・不正

陰	⚋	上は陰位
陽	⚊	五は陽位
陰	⚋	四は陰位
陽	⚊	三は陽位
陰	⚋	二は陰位
陽	⚊	初は陽位

正……位が正しいこと。

不正…位が正しくない。

例　渙

上九	九五	六四	六三	九二	初六
⚊	⚊	⚋	⚋	⚊	⚋
不正	正	正	不正	不正	不正

壁であるので、既済……既に完成している、という卦名が付けられている。

反対に、陰爻の位置と陽爻の位置が全部狂っている、全部食い違っているという卦も、一つしかない。これが一番最後の、六十四番目の卦、䷿未済（びせい）である。未完成ということを象徴している卦であり、未済……いまだ完成していない、という卦名が付けられている。

その他の卦は、ある部分は位が正しく、ある部分は位が正しくない、という状態であり、正と不正とが入り乱れている。これが、他の六十二卦の状態なのだ。

そもそも物事は、完成してもう完璧だという状態にあることは、非常に少ないものである。その一方で、全部がだめだという状態も、これもまた非常に少ない。圧倒的多数のものは、よい部分もあれば、悪い部分もあり、正・不正が入り乱れている。それが世界の実際の姿である。

要するに、位が正しいということは、本来いるべきところにそのものがいる、ということ。位が不正であるということは、そのもののいるべき位置が正しくない、ということである。このような状況というのは、我々の日常の中にたくさん見られるものである。ちょっと場違いなところにいる、と思うような場合には、位を外しているというわけである。

この爻位の正・不正は、吉凶を判断する材料の一つに用いられる。だが、その爻が位を得ていれば、必ず吉を得る、というように決まっているわけではない。また卦の意味によっては、位を外していることによって、反って救われるといった場合もあるのである。

いずれにしても、陰爻と陽爻の位が正しいか、正しくないかということを、卦を見たときに判定していくことは、卦・爻を読み解く上での重要な要素となるのである。

応と比

初爻と四爻、二爻と五爻、三爻と上爻が、陰爻と陽爻との関係になっている場合に、これを応、あるいは「応じている」などという。これ等の爻が、陽爻と陽爻とか、陰爻と陰爻になっている場合には、敵応、あるいは「応じていない」などという。

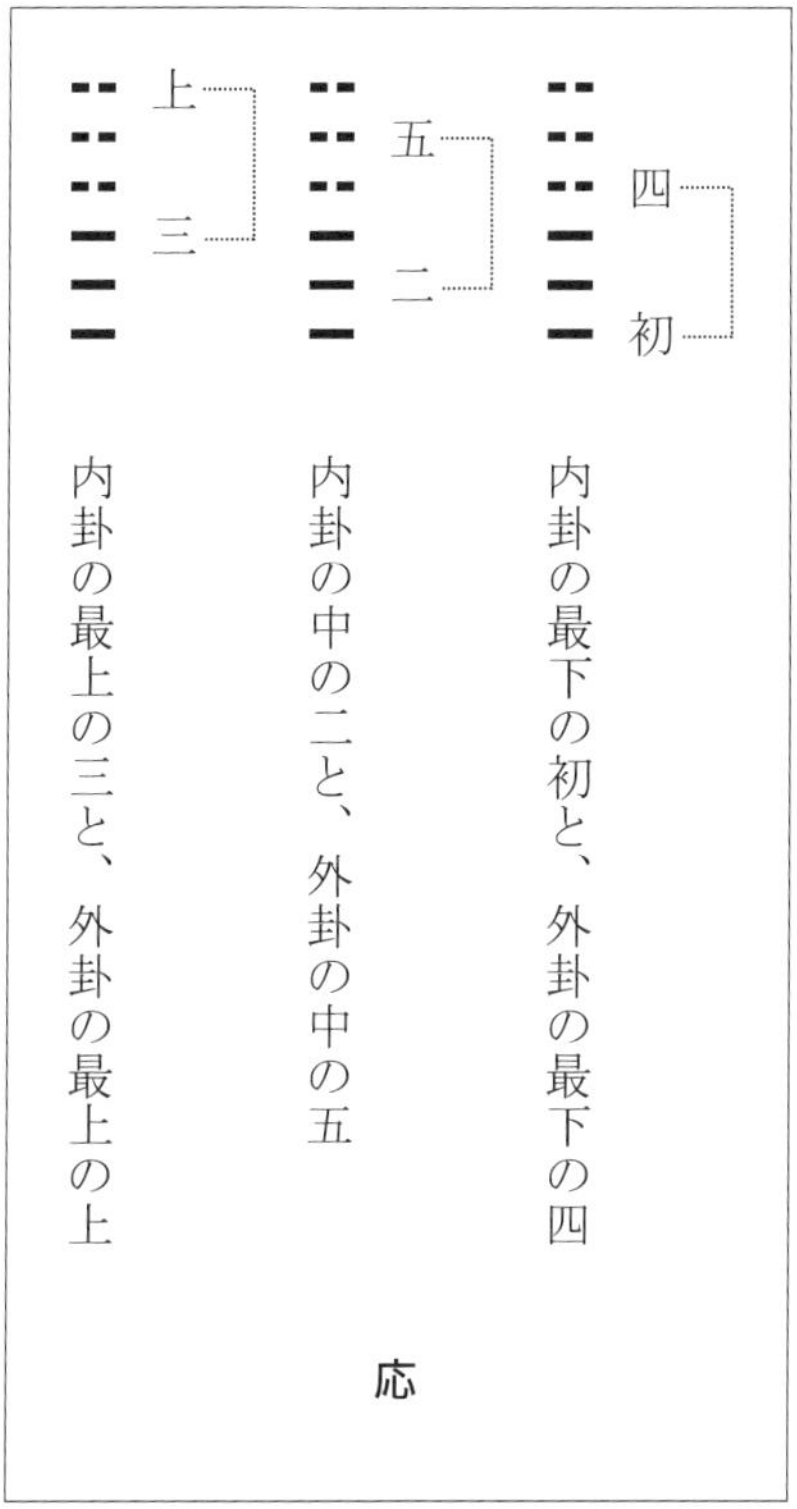

応

ちょうど磁石の針と同じで、異性同士の場合には互いに引き合い、同性同士の場合には、反発してはねてしまうのである。応とは、本来の配偶であり、仲間である。応じていれば、この爻には仲間がいるとか、協力者がいるとか、あるいはその爻に力を貸してくれる人がいるとか、そのような意味合いに解釈する。

しかしその場合に、その応の中身を見ることが大事で、悪い者同士が応じてしまうと、これは悪い者が仲間を得て、力を強めてしまうことになる。したがって、応じていればすべて物事がうまくいって吉であるとは言えない。どういう者に応じているか、ということを考えないと、なまじ応じていることによって、かえって状況を悪くする場合もあるのだ。また時には、自分に係わる者が何もないということで、かえって事がうまくいくという場合もある。応には、応じていい場合、応じて悪い場合の両方があるから、その中身を吟味して、充分注意する必要がある。

次に「比」ということであるが、これはその爻のすぐ上に陰陽の違う爻がある場合、又は、その爻のすぐ下に陰陽の違う爻がある場合をいう。比していれば、その二つの爻は、仲がよいということである。これも応と同じように、悪い者同士が仲よくなっては、よくない。

『易経』の卦・爻の辞を解釈するには、この「応・比」が重要な鍵の一つになる。

試みに、䷃蒙六四(もうりくし)の辞を観てみよう。

六四。困蒙。吝。

六四。蒙に困(くる)しむ。吝(りん)なり。

（六四は、応じている陽爻がなく、また比している陽爻もない。全く陽爻から遠く隔たって孤立しており、蒙に困しむ象にとる。この爻は、自分の蒙味を啓発してくれる陽爻とは、全く関わりがないのであり、したがって、自分の蒙味を啓くことができずに、苦しむことになる。こういうことでは、羞を招くだけである。）

この䷃蒙という卦は、蒙昧な状態であることを表している卦であり、いかにしてこの蒙を啓くか、ということがテーマとなっている。九二と上九の二つの陽爻は、蒙を啓発する任にあたる師であり、初・三・四・五の四つの陰爻は、自らの蒙を啓くために、二つの陽爻の教えを受けようとする者である。このような設定で、六つの爻の辞が繋けられている。

この六四は、陰の位に陰爻でいて位が正しく、性質が従順であるので、素直に陽爻の教えを受けて、自らの蒙を啓こうとするのである。しかし残念なことに、応じている陽爻も比している陽爻もなく、全く孤立している。そのために陽爻の師が得られず、結局、蒙を啓くことができないのである。

「中」ということ

易の卦では、下の卦の真ん中の二爻のところが内卦の「中」を、上の卦の真ん中の五爻のとこ

上五四　三二初

中　中

大過　中　不及

内卦の真ん中である二爻、外卦の真ん中の五爻をいう。

小成卦の……最下…不及
中　…中庸
最上…大過

中ということ

ろが外卦の「中」を、それぞれ象徴している位置である。

この「中」というのは、いわゆる「中庸」の「中」であり、非常によく用いられている言葉であるが、大変誤解されて使われている言葉でもある。

「中」ということを聞いて、一般的によく思い浮かべるイメージは、こっちの端と向こうの端との、その真ん中の所、というようなイメージである。黒いものと白いものがあれば、それの一緒になった灰色の所というように、二つの極の、その中間を思い浮かべることが多いものである。だが、易でいうところの「中」とは、そういうものではない。

「中」とは、真ん中という意味ではなく、この字は「あたる」と読む。的に当たることを的中と言い、毒に当たることを中毒という、その意味合いである。

易では、位置として三画の卦の真ん中である二爻と五爻を、「中」を象徴するところとしている。「中」とは、ちょうどよいところに当たっていることをいう。この中爻の下のところ、初爻及び四爻は、「中」にはまだ達していない。まだまだ及ばずの状態である。三爻及び上爻は、すでに「中」を過ぎてしまったところである。

結局のところ、物や事のありようは、この三種類しかない。ちょうどいい状態か、まだちょっと足らない状態か、過ぎた状態か、この三種類しかないのだ。

そして、そのちょうどよいというところは、状況が変動すれば一緒に変動する。絶対的にこれが「中」だという地点はない。昨日は「中」であっても、状況が変われば、今日は「中」ではない。状況によっては、端に寄ることが「中」になることもある。だから決して、真ん中ということではないのだ。

易においては、「中」は位の「正」よりも優先され、重んじられる。

互卦(ごか)

六爻の内の、二爻、三爻、四爻で、三画の小成卦を作る。また、三爻、四爻、五爻で三画の卦

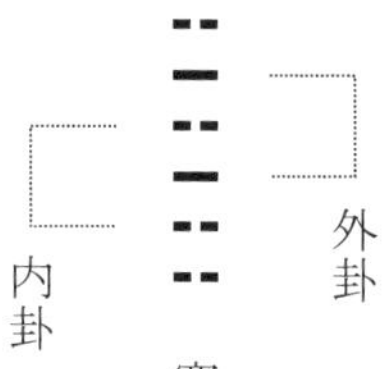

蹇

二三四爻で☵ができる。……内卦とする。
三四五爻で☲ができる。……外卦とする。
これにより、䷿未済の卦ができる。
これを互卦という。

互卦

を作る。この二つの小成卦を組み合わせて、一つの六画の大成卦を作る場合もある。

主爻

主爻(しゅこう)には、成卦(せいか)の主爻と、それから主卦(しゅか)の主爻と、二通りの主爻がある。
成卦の主爻というのは、卦を成す上で最も中心となる爻をいう。つまり、この爻があるがゆえに、こういった卦の意味が出てくるんだという、卦のなりたちの中心になっている爻のことをいう。この成卦の主爻は、一つとは限らず、複数ある場合もある。

もう一つの、主卦の主爻というのは、卦が成立してから後、その卦を主宰する爻をいう。これは、卦の卦主となる爻のことで、ほとんどの場合五爻を指す。六十四卦の中には、若干の例外があるけれども、ほとんどは五爻だと考えていて間違いはない。

このように、卦には、二種類の中心となる爻がある。

爻位の象

初爻から上爻までの六爻の位には、さまざまな意味合いが配されている。

初爻は、役についていない者。だから一般庶民、無位無冠の人。二爻は、下級役人。三爻は、自分の部下を持っている上級役人。四爻は天子の補佐役。それから五爻が天子、全体の主宰者。上爻が引退した者。あるいは隠遁している者。

現代の社会の状態でいえば、一つの状況を主宰している者が五爻である。会社でいえばここが社を代表し、実際の力を持っている者にあたる。四爻は、経営側の役員にあたる。三爻は、一つの部局の責任者である。しかしながら、まだ経営陣には入っていない。二爻は、中間管理職、社の中堅といったところ。部下もいるし、また上司もいる。初爻は一般の社員、役のついていない者。上爻は、引退した前代表者、あるいは顧問・相談役など。

一番下の初爻には、「少し力足らずで」というような意味の言葉が多い。事においては始まり

	上爻	五爻	四爻	三爻	二爻	初爻
	無位の賢人	天子	卿	大夫	士	庶民
	顧問・元老	首相	大臣	知事・議員	町・村長	庶民
	会長	社長	専務	部長・局長	課長	一般社員
	首	胸	腹	股	膝	足
	祖父母	夫	妻	長子	中子	末子
	六十以上	五十代	四十代	三十代	二十代	十歳代

爻位の象

であり、地位においては最下位であるからである。

二爻は、おおむねよい意味に解することが多い。

そして三爻には、だいたい悪い言葉が付けられている。多くの場合にこの爻は、もうやり過ぎて、剛強に過ぎて事がうまくゆかなくなり、自分から災いを招いてしまうというのが、通例である。三爻は上の卦と下の卦の境目にある。下の卦の一番上にいるといっても、しかし卦の全体から見れば、まだ依然として下の卦なのだ。立場の難しい位置である。

四爻は、ここで一転して、今度は上の卦の一番下に入る。卦の全体からみれば四番目であるといっても、上の卦だけでみれば、一番下なのだ。そういう意味で、この四爻もまた、処し方が非常に難しい。しかし従順であるところから、おおむねよい辞が多い。

五爻は、この状況全体を主宰している者とする。卦主となることから、卦名の意味をそのまま体現している辞が多い。

上爻は、卦の一番上であるから、引退した天子、あるいは隠遁している者などである。位置は一番上だが、実権のない者である。したがって、上爻になればもう実際の力はなくなっている。人からは非常に尊敬されたりするのだが、内実は何もない。

そういう訳で、初爻と上爻は、実際の力にはならない。働いて力を発揮するのは、二爻から五爻までである。

このように、初爻から上爻までの各爻を、いろいろな立場、いろいろな状況、いろいろな物などに当てて、それを前提にして卦・爻の意味を読み取っていくのである。

『易経』を読み解くには、その経文の文字を解読することと同時に、易の符号の持つ意味を読みとっていかなくてはならない。易には、特有の専門用語が使われている。『易経』の解釈が難しく思えるのは、この用語を知らず、ただ経文の文字を読むことだけで、易を理解しようとするからである。その用語と、その用い方のルールを知ることは、『易経』を読む上で、ぜひとも身に付けておく必要のあることである。

二　経文の中で、よく使われる語句

『易経』の経文の中には、決まり文句のように、よく使われている語句がある。それらの語句の意味を知っておくことは、経文を読み解くうえで、大切なことである。

元亨利貞

この四字を、四つの徳をあらわしているとして読む場合は、「げん　こう　り　てい」と音読みで読む。この四徳として解する場合の「元亨利貞」の意味は、「文言伝」に説かれている。

この一句を、占いの辞として読む場合には、「おおいに　とおる、ただしきに　よろし」と読む。物事は、大いに、滞ることなく運んでいく、正しいことを固く守っていくがよろしい、というような意味である。

この四字が全部そろっている卦は多くはないが、一字や二字ならば、たいていの卦には入っている。

元……大。大いに。始めの意。

亨……通達する。滞ることなく、すらすらと運ぶ意。

利……宜しい意。利の意。

貞……正しい。固い。正しいことを固く守る意。かたくなの意。

吉・凶・悔・吝

吉……「きつ」と読む。幸いをうけること。

凶……「きょう」と読む。禍いに遭うこと。

悔……「くい」と読む。くやむ。過ちを悔い改めること。吉へ向かう方向性がある。

有悔「くいあり」と読む。悔いるべき過ちがあること。

无悔「くいなし」と読む。本来ならば、悔いるべきことがあるはずであるが、それがなくなってしまった、との意。

吝……「りん」と読む。やぶさか。過ちを取り繕って隠そうとすること。凶に近い。

无咎

「とがなし」と読む。

本来ならば刑罰を加えるべきなのだが、今はそれが許されて、なくなった、との意。

利見大人

「たいじんを　みるに　よろし」と読む。

有徳な人にお目にかかって、その指導助力を仰ぐのがよい、との意。

利渉大川

「たいせんを　わたるに　よろし」と読む。

大きな川を渡るということは、大変に危険をともなうことであるが、今は、危険を冒して、大きな事業を行なっても、効果がある、との意。

利有攸往

「ゆくところあるに　よろし」と読む。

進んで行ってよろしい、さしつかえない、との意。

勿用有攸往

「ゆくところあるに　もちうることなかれ」と読む。

進んで行ってはいけない、との意。

无不利

「よろしからざるなし」と読む。

不利であると思われることも、今はなくなった、との意。

3　八卦を読む——八卦は何を象徴しているか

一　象(かたど)るということ

『易経』の「繫辞伝」に、このような辞がある。

「書は言を尽くさず、言は意を尽くさず。然らば則ち聖人の意は、其れ見る可からざるか、と」（文字を以て言葉を述べ尽くすことはできない。また言葉は、心にさまざまに思うことを、表し尽くすことができない。そうであるならば、聖人の心に思っておられたことは、後世の者には知ることができないであろうか。）

この問いに対して、自ら答えて次のように言う。

「聖人、象を立てて以て意を尽くす、と」
(聖人は、八卦の象を立て、それによって、ご自分の心に思っておられることを、充分に表現された。)

『易経』が他の古典と異なる点は、符号を用いて書き表されていることである。文字がなかった太古では、易はこの符号だけであった。この三本の符号、それを組み合わせた六本の符号こそが、易の本体なのである。

時代が下って文字を使うようになると、この符号だけの易に辞を付け、文字によって書き表されるようになった。しかし、文字は全てを伝えることはできない。文字が伝えている情報には、限界がある。例えば、時代が変われば、物の名は変わり言葉も変わる。もう通用しない物や事柄がたくさんあらわれる。そういう場合、文字を超えたものでそれらを伝えようとするのであれば、時代が変わっても、それはそのまま伝わることができる。

『易経』という本が、昔から今日に至るまで読み継がれて、現在でもその生命があるのは、結局、それが、文字によって伝わってきた本ではないからである。文字による本であれば、他の古典と同じように、もうこれは、完全に文字通りの古典になっていたであろう。

易は、物や現象を、卦の形に象って示したものである。たとえ目には見られないものであっても、象って形を与えることにより、具体的にそれを扱うことができるようになる。したがって、この三画の卦、あるいは六画の卦が、何を象って示しているのかが読めないと、いくら文字を丹念に読んでみても、易の意味するところを解読することは難しい。文字は、易の本体を解読するための、一つの手段にすぎない。まずは文字を手がかりにして、そこから読んでいきましょう、ということである。

八卦の象意、その三画の八つの符号が持っているさまざまな意味、結局、これが分からないと、卦の解読は何もできない。

文字をどう読むかというのも大事ではあるが、それ以上に、やはり象がしっかりと読めるかどうかということが重要である。この符号の持っている意味を十分に活用できないならば、結局のところ、易をきちんと理解したことにはならないのである。

二　八卦の正象と卦徳

八卦の象意を読み解く上での、その手がかりの第一歩は、「正象(せいしょう)」と「卦徳(かとく)」というものをよく理解することである。正象というのは、その卦が象徴している最も代表的な「物」のこと、卦徳というのは、その卦の最も代表的な「性質・性能」のことである。

この三画の符号が象徴している最も代表的な物を一つだけ挙げるとすれば、☰乾（けん）では、それは天である。以下、☱兌（だ）は沢、☲離（り）は火、☳震（しん）は雷、☴巽（そん）は風、☵坎（かん）は水、☶艮（ごん）は山、☷坤（こん）は地である。これが、それぞれの卦が象徴している、最も代表的な物である。

そしてこの具体的な物、☰乾であれば天ということに対して、代表的な性質が一つずつ付く。☰乾は剛健。☱兌は悦ぶ。☲離は明（めい）、明るいということ。☳震は奮い動く。☴巽は伏入。☵坎は陥る。☶艮は静止、あるいは不動。☷坤は柔順。これが基本的な、最も代表的な性質・性能である。

この正象と卦徳、つまり最も代表的な物と、最も代表的な性質・性能、この二つだけはどうしても覚えなくてはならない。この二つを頂点に置いて、そこから意味を広げて考えていく。したがって、これから以下はもう無限、無数にある。この八つの卦をもって、宇宙間の一切の物・現象を象り、表現しようというのが、易の考え方なのである。

三　八卦の象意

八卦の象意は、数限りなくあって、その全てを挙げて示すことはできない。ここでは、その主要なものを記してみた。この他のものについては、ここから類推していただければ、理解することができるだろう。

☰乾(けん)

【正象】……天【卦徳】……剛健

この卦は、三画とも陽爻であり、陰の混じり気がいささかもない。そもそも天は、純な気の充ちたものであるから、この純陽の卦を天に象る。そこから、この卦を、高いもの、大きいもの、広いもの、尊いもの、完全無欠なもの、などとする。

陽のはたらきの本体は剛であり、その性質は健である。天のはたらきは少しの間も休むことなく、少しも疲れることがなく、至って健やかである。そこで「説卦伝」では「乾は健なり」と言っている。

天のはたらきは、万物に対して等しく行なわれ、いささかも私心がない。ここから「公」の象とする。

陽の性質は、進むということである。この卦は純陽の卦であるから、進むことの極まりであり、積極とする。また、一切の陽性のものとする。

1 〔正象〕(代表的な象) 天

2 〔卦徳〕(卦の代表的な性能) 剛健

3〔卦意〕弘大　寛大　大器……（大）
円満　健全　正確　不休……（健）
凶暴　傲慢　壮盛　戦う　侵略……（壮）
純粋　正直　誠信……（純）
神　鬼　命　道　尊……（尊）
正　公　統べる　治める……（公）

4 円　始　老成　向上　積極的　美　善　高　上

5〔形容〕大きいもの　尊いもの　高価なもの　丸いもの　りっぱなもの
固いもの　完全無欠なもの　円満なもの　光るもの　陽性のもの

6〔場所〕官庁　学校　集会所　公共の建物……（公の場所）
神社　寺院　教会　宗教的な所……（尊い場所）
大平原　海　大川　都会……（広く大きい場所）
高い所　りっぱな所　大きい所　高級な場所

7〔人象〕天子　君　武人　官吏……（権力者）
経営者　有識者　代表者……（リーダー）
家長　父　祖父……（男）

大人　名人　紳士　りっぱな男性……（善い性格）
強情な者　凶暴な者　頑固者……（悪い性格）
頭　首　骨　心臓　肺……（人体）

8〔物象〕高層建築　運動場……（広いもの　高いもの）
高級品　宝石　貴金属　重要文化財……（貴重なもの）
氷　米　木の実　種子……（固いもの）
丸いもの……（円）

9〔病象〕頭部の病　胸部の病　骨の病　精神病　高熱を発する病気
病勢……激しく、病勢の進みが早い
病勢定まり難い　変ずる意

10〔雑象〕＊季節……晩秋　初冬
＊方位……西北
＊五行……金
＊干支……庚（かのえ）　辛（かのと）　戌（いぬ）　亥（い）
＊味……辛い
＊気象……晴れ

＊数……四　九　一
＊動物……龍　馬　虎

☷坤（こん）

【正象】……地【卦徳】……柔順

この卦は、三画共に陰爻であり、純粋な陰の卦である。純陽の☰乾を天に象るのに対して、この純陰の☷坤の卦は、大地を象徴する。その陰のはたらきの本体は柔であり、基本的な性質は、☰乾の「健」に対して「順」である。

地のはたらきは、万物を養い育てる、ということである。一切の物は、大地から生まれて、大地に帰っていく。どうして大地が「順」であるかというならば、大地は、全ての物をその上に乗せているからである。そしてそれらを、全部その中に包み容れていく。だから、一切のものは大地から生まれて、大地に帰っていくわけである。このように、全てのものを受け容れるので、その性質を「順」とする。

1〔正象〕地
2〔卦徳〕柔順
3〔卦意〕小さい　狭い　虚……（小）

承ける　載せる　容れる　滋養……（容）
蔵　吝嗇（りんしょく）　倹約　隠匿　利慾……（蔵）
卑賤　低い　凡庸　愚鈍　労……（卑）
迷う　疑惑　悪　暗い　不明……（暗）
温厚　謙虚　貞節　安静　消極的……（静）
4　衆多　方（ほう）　後　包む　服従　優柔不断　閉じる　厚い
5〔形容〕陰性のもの　数の多いもの　柔らかなもの
物を入れるもの　平らなもの　値の安いもの
6〔場所〕田畑　平地　農村　農家　郊外……（農）
家屋　倉庫　集会場……（入れる）
工場　仕事場……（労働）
故郷　出身地……（生まれた所）
7〔人象〕皇后　臣下　国民
副社長　相談役　代理者……（働く人）
老母　母　妻……（女）
陰気な人　ケチな人　消極的な人　平凡な人……（性情）

腹　消化器　肉体　肉 ……（人体）

8 〔物象〕土地　床　敷物　履物 ……（載せるもの）

袋　物置　釜　鍋　丼　缶　あらゆる容器 ……（入れるもの）

布製品の類　包む物の類　風呂敷　衣服 ……（布・包む）

婦人用品のすべて ……（女の用いる物）

食料品のすべて ……（養う）

四角い物　数の多い物　平らな物　柔らかい物　平凡な物　古い物

9 〔病象〕腹部の病気　消化器系のすべて

皮膚の病気　しみ　にきび　あざ等

病勢……緩慢

10 〔雑象〕＊季節……晩夏　初秋

＊方位……西南

＊五行……土

＊干支……戊（つちのえ）　己（つちのと）　未（ひつじ）　申（さる）

＊味……甘い

＊気象……曇り　雨降らず

＊数……五　十　八

＊動物……牛　家畜　魚　爬虫類

☳震（しん）

【正象】……雷【卦徳】……奮動

この卦は一陽が二陰の下にある。陽の性質は上り進むことである。今、この一陽は二陰の下にあって、二陰のために抑えられているので、激して動き上ろうとするのである。このような盛んに震い動くものの最たるものは、雷である。そこで、この卦を「雷」の象とする。そして、その性質を「奮い動く」とした。

そこから、一切の動くもの、盛んに活動するものは、皆なこの卦の象にとる。雷の勇猛なところから、勇気、決断等の意にもなる。

また、雷は音を発する。そこで、楽器などの音の出るもの、音に関することは、皆なこの卦である。

そして、電気に関するものも、この卦の象である。そこから電気製品の全て、電信・電話などもここにとる。

五行では木に配当する。植物、田園等は、この卦の象である。

1〔正象〕雷

2〔卦徳〕奮動

3〔卦意〕動く　進む　速い　積極的……（動）

鳴る　轟く　騒ぐ……（音）

決断　発する　勇気ある　果たす……（決）

憤怒　懲らす　刑する　罰する　制裁……（懲）

性急　思慮不足　独断……（急）

賢い　意欲　勉励

祭祀（さいし）する　後を継ぐ……（長男・後継者）

4 新しい　伸長　起こる　電　光り　勉（つとむ）　驚く

5〔形容〕音のするもの　スピードのあるもの　騒がしいもの

勢いのあるもの　激しいもの

6〔場所〕田畑　田園地帯　林　庭園　花屋　青物市場……（五行の木）

発電所　電気店　放送局　電気電波に関する場所……（電）

音楽会　楽器店　演芸場　音のする場所……（音）

道路　線路……（行）

戦場　射撃場　戦いの場所 ……（戦）

7〔人象〕皇太子　長男　後継者　祭主

電気関係の人　放送関係の人　歌手　スポーツマン

活動的な人　気の短い人　激情家 ……（性情）

肝臓　足　神経　筋 ……（人体）

8〔物象〕竹　花　春の草　若芽 ……（植物）

電気製品のすべて ……（電）

楽器の類　音の出るものすべて ……（音）

爆弾　大砲　銃器　武器の類 ……（雷の威力）

飛行機　電車　自動車　乗り物の類 ……（速い）

9〔病象〕肝臓病　精神病　発狂

声、喉の病気

病勢……急激に進行　変化が多い　痛みが激しい　痙攣を伴う

見かけほど重くない

10〔雑象〕＊季節……春

＊方位……東

＊五行……木
＊干支……甲（きのえ）　卯（う）
＊味………酸味
＊気象……晴天　雷鳴
＊数………三　八　四
＊動物……龍　蛇　速い馬　よく鳴く鳥

☴巽（そん）

【正象】……風【卦徳】……伏入

この卦は一陰が二陽の下にある。陰の性質は、下り退くことである。今、この一陰は、二陽の下に潜りこんでいる。風というものは、どのようなところにも潜りこんでいくところから、この卦を風の象とする。そして、その性質は「伏入」である。

風は、あっちに往ったりこっちに来たりして、その方向が一定しない。そこから迷う、疑惑、疑う、進退、不決断などの意になる。

また、風のあっちに往ったりこっちに来たりする性質から、人が移動する旅行、交通などの意、また物が移動する交易、取引、商い、などの意にもなる。「風のたより」という言葉があるように、遠方からの情報の伝達、郵便、噂、風評などの意、あるいは、情報が広まっていくマスコミ関係、中央からの命令なども、この卦の象である。

風は、一定の定まった形がない。そこから、どのようにでも形を変えることのできる縄・紐の類、あるいは大工、職人、技能者など、物を加工する人も、この卦の象である。

1〔正象〕風

2〔卦徳〕伏入

3〔卦意〕入る　隠れる　巽順（そんじゅん）……（入）

迷う　不決断　果たさず　疑う　進退　失念……（果たさず）

命令　教化　話　噂　伝達　音信……（伝）

吹く　臭う　散る　流れる……（風）

儲ける　商う　取引……（交易）

巧み　加工……（自在変化）

4

偽る　騙す　多欲

軽い　応接　斉う（ととのう）

5〔形容〕土台の不安定なもの　伝わって来るもの　移り動くもの

形の一定しないもの　遠方のもの

6〔場所〕森　林　草原　田園……（五行の木）
道路　線路　飛行場　郵便局　放送局……（遠方）
商店　市場　取引場　出口　入口……（出入）

7〔人象〕長女　婦人
農業、林業関係の人……（五行の木）
商業、流通関係の人……（交易）
ジャーナリスト　著述家　マスコミ関係の人……（情報伝達）
旅行関係の人　船舶業者……（移動）
職人　技能者　大工　木工加工業者……（変化加工）
巽順な人　優柔不断な人　噂を流す人　交際の広い人……（性情）
神経　筋　髪　股……（人体）

8〔物象〕成長した木　加工された材木　木製品のすべて　紙……（木）
気球　飛行機　凧　エアコン　団扇　扇風機……（風）
臭いのあるもの　香料……（臭気）
縄　紐　麺類　うどん　そば……（長いもの）
郵便物　広告……（情報伝達）

9 〔病象〕風邪　神経衰弱　憂鬱症
病勢……一進一退で安定しない
10 〔雑象〕＊季節……晩春　初夏
＊方位……東南
＊五行……木
＊干支……乙（きのと）　辰（たつみ）　巳（み）
＊味……酸味
＊気象……風
＊数……三　八　五
＊動物……飛ぶ虫、トンボ、蝶など　蛇　魚類

☵坎（かん）

【正象】……水【卦徳】……陥険

この卦は、一陽が二陰の間にある。この卦の形は、水の流れる姿を描いたものであり、中に微かな陽気があるようすに象ったものである。「水」の字は、この象形に基づく。

また、真ん中の一陽が上下の陰に挟まれて、陰の中に陥っているという形から、「険難（けんなん）に陥る」

という意味にとる。

人間にとって好ましくないものや事柄は、この卦によって表す。したがって、この☵坎の卦をもって病気とし、あるいは痛むとし、あるいは苦しむとし、あるいは苦しいとし、一切の辛いこととする。

よい方面からこの卦を観れば、二陰の中に一陽の精気がきちっと入っており、これを心の象とする。そこから、思想家や宗教家などの、心のしっかりした者の象にとる。また、二陰の曲がっているのを、一陽が伸ばして真っ直ぐにするというところから、矯正、法律家などの意にもとる。

この卦☵坎は水に象るが、その水は流水である。同じ水でも、☱兌の水は、溜まっている水で、止水である。

1〔正象〕水

2〔卦徳〕陥

3〔卦意〕流れる　下る　濡れる　潤う　溺れる　低い　凹み　……（水）
険しい　困　苦労多い　紆余曲折　泣く　悩む　憂　……（険）
冷たい　寒い　寂しい　……（冷）
心　思想　情　哲学　……（心）
法律　審判　刑罰　……（刑）

4　悪　盗み　寇（あだ）　反目　……（悪）

敗（やぶれる）　淫（みだら）　隠（かくす）　暗い　病　貧しい　失う　妊（はら）む

5〔形容〕流れるもの　冷たいもの　暗いもの　中のしっかりしたもの

6〔場所〕川　井戸　溝　海中　水中　漁場　……（水）

寒い場所　寒帯地方　……（冷）

暗い場所　墓地　監獄　洞穴　地下室　……（暗・穴）

病院　……（病む）

7〔人象〕中男

哲学者　思想家　宗教家　僧侶　教育家　……（心・思想）

悪人　盗賊　詐欺師　容疑者　……（悪）

病人　死者　破産者　飲酒家　中毒者　……（病む）

考え深い人　陰気な人　苦労する人　……（性情）

腎臓　泌尿器　生殖器　体液　耳　……（人体）

8〔物象〕液体のすべて　……（水）

薬品　毒物　……（毒）

刑罰の道具　……（刑）

9 〔病象〕腎臓、膀胱などの病気
生殖器の病気
食中毒　薬物中毒
耳の病気
背骨の病気
病勢……病因のわからない場合があり、なかなか治らない

10 〔雑象〕＊季節……冬
＊方位……北
＊五行……水
＊干支……壬（みずのえ）　癸（みずのと）　子（ね）
＊味……しおからい
＊気象……雨　雪　寒冷
＊数……一　六
＊動物……狐　馬　魚類　水鳥

☲離（り）

【正象】……火　【卦徳】……明智

この卦は一陰が二陽の間にある。これを立てて見ると、炎の形になる。炎は、外側が非常に熱く、その中の心（しん）のところは温度が低く暗いものである。そこから、この外側が陽で真ん中が陰であるこの卦を、火に象るのである。

火は、物や事を明るく照らすので、「明（めい）」がその性質になる。ここから、知恵、道理に明るい、学問、文化、芸術、美に関するもの、などの意にとる。☵坎の暗いものに対して、明るいものを象徴するのである。

また、火は熱を持つ。そこから、激しい、熱い、争う、他を傷付けるなどの意にとる。

また、外側が陽で固く、中が陰で柔らかい、という卦の形から、甲冑とする。また蟹や貝等の甲殻類の象でもある。

1〔正象〕火

2〔卦徳〕明智

3〔卦意〕明るい　明瞭　光り　明智　輝く　照らす
見る　観察　看る　知る　……（明）
美麗　派手　装飾　美術　表現　虚飾　……（美）

学問　文章　記述　歴史　文書　……（文）
熱い　性急　爆発　激しい　火花　……（燃）
盛ん　争う　競う　焦燥　……（争）
離れる　付く　中虚　……（形）
警察　検挙　……（明らかにする）

4

名誉　名声　鑑定　自己顕示　尊大　巧言　弁明　アイディア

5〔形容〕熱のあるもの　明るいもの　中の空虚なもの　美しいもの
文化的なもの　露顕したもの

6〔場所〕暖かい所　火のある所　火山　火事場　……（熱）
図書館　博物館　学校　……（文）
警察署　裁判所　官庁　……（明らかにする）
美術館　美的な場所　……（美）

7〔人象〕中女
芸術家　文化人　有識者　学者　有名人　ジャーナリスト　著者　編集者
裁判官　警官　軍人　革命家
美容師　美的なものに関する人　……（美）

明朗な人　派手な人　逆上する人……（性情）

8〔物象〕美術品のすべて

文書の類　書籍　手紙　地図　資料　印刷物……（文書）

眼鏡　望遠鏡　照明器具……（見る）

印刷機　複写機　映写機……（文書・画像）

装身具　化粧品　勲章……（美）

武具　甲冑　刀剣……（武）

マッチ　ライター　ガス器具……（火）

9〔病象〕心臓の病気　目の病気　火傷　病勢は高熱

10〔雑象〕＊季節……夏

＊方位……南

＊五行……火

＊干支……丙（ひのえ）　丁（ひのと）　午（うま）

＊味……苦み

＊気象……晴れ

＊数……二　七　三

＊動物……雉（きじ）　孔雀（鳥の類）　蟹　貝（甲殻類）

☶艮（ごん）

【正象】……山【卦徳】……静止

この卦は、一陽が二陰の上にある。三画で山の形をしているので、山の象とする。山は、止まって動かないものの象徴であるところから、その性質を「静止」とする。

陽の性質は、上り進むことである。今この卦は、すでに☳震の一陽が上り進んで☵坎となり、更に進んで☶艮となった。一陽爻は上り進んで最も上位にあり、もうこれ以上は進むことができない。だからここに止まるのである。

この卦の正反対が、☱兌の卦である。☱兌の沢というものは上部が欠けた窪地だから、低いものの象徴である。それに対して☶艮は、高いものを象徴する。ここから、宗教的なもの、崇高なものの意にもなる。

また、一陽が上位にあって、外から入るものを止め防いで内の二陰を守るので、防ぐ意、守る意、拒絶する意にもなる。

1　〔正象〕　山

2　〔卦徳〕　静止

3　〔卦意〕停止　制止　休止　中止　廃止……（止）
防ぐ　防止　拒絶　守……（防）
滞る　節　遅い　待つ　退く　不動　宿……（滞）
高い　崇める　孤立　孤独　傲慢……（高）
蓄える　保　保守……（守）
頑固　固い　貞固　固執……（固）
懲らしめる　懲罰　打つ……（懲）
4　終始　継ぐ　完了　変化　終末　再起……（終始）
丁寧　黙る……（不進）
5　〔形容〕静かなもの　高いもの　節のあるもの　高尚なもの
6　〔場所〕山　丘　高台　高層建築……（高）
倉庫　家屋　ホテル　停車場　牢獄　留置場……（止）
門　壁　垣　城　玄関……（防）
神社　寺院　墳墓　宗教施設……（崇高）
7　〔人象〕少男　年少の男
僧侶　神官　指導者……（精神的指導者）

警察官　警備員　獄吏　囚人……（囚・防）
保守的な人　篤実な人　頑固な人　孤立した人……（性情）
鼻　手　腰　背……（人体）

8〔物象〕石　岩　山に関する物……（山）
神棚　仏壇　神、仏具に関するもの……（宗教）
机　台　置物……（形）

9〔病象〕鼻の病気
腰の病気
胃、脾臓の病気
病勢……急に悪くなることはないが、長引く

10〔雑象〕＊季節……晩冬　初春
＊方位……東北
＊五行……土
＊干支……戊（つちのえ）　己（つちのと）　丑（うし）　寅（とら）
＊味……甘味
＊気象……曇り　雨降らず

＊数………五　十　七
＊動物……犬　牛　虎　角、牙のある動物

☱兌（だ）

【正象】……沢【卦徳】……悦

この卦は、一陰が二陽の上にある。上部が欠けて窪んでいる形から、沢の象とする。沢というと、谷川の渓谷などを思い浮かべるが、ここでいう沢とは、そうではなく、窪んだところに水がたまっている状態をいう。大きなものは湖、あるいは沼、小さなものはコップの中の水、これ等は同じく、皆な☱兌の沢の象である。水に限らず、物や事柄においても、四方からずっと集まってきて、そこに溜まる状態は、皆なこの象である。したがって、人が集まるのも、沢の象である。

「悦」は、よろこぶ、ということ。今この卦は、一陰が二陽の上にちょこんと乗って喜んでいる形である。そこから、悦ぶ、楽しむ、娯楽、歓楽、などの意にとる。

また、窪んでいる卦の形から、口の象にとり、話す、告げる、飲食するなどの意にとる。

またこの卦は、☰乾の完全な状態が、上部が欠けて☱兌になってしまったという形をみて、欠陥、傷、壊れる、などの意にもなる。

1〔正象〕沢

2 〔卦徳〕悦

3 〔卦意〕悦ぶ　和　潤　恵み　誘惑する　艶　笑う……（悦）

説く　呼ぶ　応える　告げる　鳴く　講習……（口舌）

論議　命令する　罵る……（口舌）

壊れる　欠ける　欠陥　傷　不足　腰砕け……（傷）

武人　刑　喧嘩する……（武）

4 嘆く　弱い

愛欲　魅力　媚態　歌舞　娯楽

5 〔形容〕欠けたもの　安いもの　楽しむもの　窪んでいるもの

女性に関係のあるもの　他を傷付けるもの

6 〔場所〕谷　沢　沼地　湖　溝　凹地……（凹）

行楽地　歓楽街　演芸場　バー　キャバレー　飲食店……（楽しむ）

音楽会　講演会場……（口舌）

浴場　サウナ風呂……（凹形・歓楽）

7 〔人象〕少女　愛らしい女性

巫女　講師　説明者　通訳　声優　咄家　アナウンサー……（話す）

武人　刀剣に関する人……（武）
芸者　ホステス　水商売の人……（歓楽）
足の悪い人　眇（すが）めの人……（毀折（きせつ））
愛嬌のある人　性的に魅力ある人　議論する人　親切な人……（性情）
口　舌　肺……（人体）

8〔物象〕飲食に用いるもの　コップ　椀の類……（凹形）
ゲームに用いるもの　トランプ　カルタの類……（楽しむ）
壊れたもの　キズ物　欠けた物　修理品……（毀折）
刃物の類　ナイフ　刀剣など……（刃）
貨幣

9〔病象〕口・舌の病気　肺病　性病
怪我　外傷
病勢……止まって長引く　急には回復しない

10〔雑象〕＊季節……秋
＊方位……西
＊五行……金

＊干支……庚（かのえ）　辛（かのと）　酉（とり）
＊味……辛味
＊気象……小雨　曇り　降りそう
＊数……四　九　二
＊動物……羊　虎

以上、述べてきた八卦の象意は、そのほんの一部分にすぎない。この「正象」と「卦徳」を基本にしながら、その象る（かたどる）ところを考えていく訳で、それは無数に広がっていく。

この八卦が重なって六十四卦になると、そこでまた一つの意味合いができ上がる。もちろんその六十四通りの意味を、覚えていかなくてはならないが、その基本となるものは、この八つの卦が象り示しているものだ。だから、最低限この八つの卦の象意をきちんと読み取ることができれば、六十四卦も、解読することができるようになるのである。

〔参考〕「周易説卦伝」に記載されている象（百三十五種）

『易経』の翼伝の一つである「説卦伝」には、百三十数種の象が記載されている。その中には、現代に至っては、それがどのようなものなのか、よく分からないものもある。また、これが書かれた当時においては、重要なものであっただろうが、今となっては、この象を取ることに、あまり重要な意味を感じないものもある。

単に『易経』の経文を読むだけであるならば、この象の中の主だったものを覚えておくだけで、ほぼ事足りる。しかし、現代の今において易を用いようとするならば、とてもこの百三十数種の象だけでは、間に合わない。さまざまな事象に、八卦を配当していかなくてはならないからである。しかし、その基本となるものは、この百三十数種の象の取り方である。充分にこの方法を玩味して、修得することが大切である。

八卦	正象	卦徳	動物	身体	家族	その他の象
乾	天	健	馬	首	父	圜(円) 君 玉 金 寒 冰 大赤(真っ赤) 良馬 老馬 瘠馬(たくましい馬) 駁馬(鋸のような牙のある猛獣) 木果(木の実) 十七種
坤	地	順	牛	腹	母	布 釜 吝嗇 均 子母牛 大輿(大きい車) 文 衆 柄 黒 十五種
震	雷	動	龍	足	長子	玄黄(玄＝黒は天の色、黄は地の色) 旉(花の意) 大塗(大きな道) 決躁(鋭く進む) 蒼筤竹(青々とした竹) 萑葦(荻や葦) 善鳴 馵足(左の後ろ足が白い馬) 作足(跳ね上がる) 的顙(額に白い毛のある馬) 反生(芽がさかさに土へ根をおろしてから葉をのばす豆麻の類) 健 蕃鮮(草木が繁茂する) 十八種
巽	風	入	鶏	股	長女	木 縄直(墨縄を正しく当てること) 工 白 長 高 進退 不果 臭 寡髪 広顙(額が広い) 多白眼(白目が多い人) 近利市三倍(貪欲な人) 躁卦(鋭く進む) 十九種
坎	水	陥	豕	耳	中男	溝瀆(溝・どぶ) 隠伏(地下水) 矯輮(曲がっているものを真っ直ぐにする) 弓輪 加憂(気苦労の重なった人) 心病(心の病い) 耳痛 血卦 赤 美脊(背中の美しい馬) 亟心(心の性急なこと) 下首(首を垂れている馬) 薄蹄(足の弱い馬) 曳 多眚 通 月 盗 堅多心(固くて心の多い木) 二十四種

八卦	正象	卦徳	動物	身体	家族	その他の象
離	火	麗《つく》	雉《きじ》	目	中女	日《ひ》（太陽） 電《でん》（稲妻） 甲冑《かっちゅう》 戈兵《かへい》（ほこ・武器） 大腹《だいふく》（出っ腹） 乾卦《かんか》 鱉《すっぽん》 蟹《かに》 蠃《たにし》 蚌《はまぐり》 龜《かめ》 科上槁《うつろにしてうえかれる》（中が虚ろで上が枯れている木） 十七種
艮	山	止	狗《いぬ》	手	少男	径路《けいろ》 小石《しょうせき》 門闕《もんけつ》（おおきな門） 果蓏《から》（瓜の類） 閽寺《こんじ》（門番） 指《ゆび》 鼠《ねずみ》 黔《けん》喙之属《かいのぞく》（くちばしが黒いこと） 堅多節《かたくてふしおおし》 十四種
兌	沢	説《よろこぶ》	羊	口	少女	巫《ふ》（みこのこと） 口舌《こうぜつ》 毀折《きせつ》（破損すること） 附決《ふけつ》 剛鹵《ごうろ》（塩分を含んで固い土地） 妾《しょう》 十一種

2

六十四卦の意味すること——「周易序卦伝」を読む

六十四卦一覧

八卦を二つ、上の卦と下の卦を重ねると、六画の卦が六十四種類できる。この六十四卦にそれぞれ名を付け、上下の二巻に分けて、三十卦を上経とし、三十四卦を下経とした。この上下の二巻に、六十四卦をどのように配列したか、その理由を説明したのが、「序卦伝」である。以下は、その六十四卦の一覧と、「周易序卦伝」の全文である。

上経

1 ䷀ 乾（乾為天〈けんいてん〉）
2 ䷁ 坤（坤為地〈こんいち〉）
3 ䷂ 屯（水雷屯〈すいらいちゅん〉）
4 ䷃ 蒙（山水蒙〈さんすいもう〉）
5 ䷄ 需（水天需〈すいてんじゅ〉）
6 ䷅ 訟（天水訟〈てんすいしょう〉）
7 ䷆ 師（地水師〈ちすいし〉）
8 ䷇ 比（水地比〈すいちひ〉）
9 ䷈ 小畜（風天小畜〈ふうてんしょうちく〉）
10 ䷉ 履（天沢履〈てんたくり〉）

11 ䷊ 泰（地天泰〈ちてんたい〉）
12 ䷋ 否（天地否〈てんちひ〉）
13 ䷌ 同人（天火同人〈てんかどうじん〉）
14 ䷍ 大有（火天大有〈かてんたいゆう〉）
15 ䷎ 謙（地山謙〈ちざんけん〉）
16 ䷏ 豫（雷地豫〈らいちよ〉）
17 ䷐ 随（沢雷随〈たくらいずい〉）
18 ䷑ 蠱（山風蠱〈さんぷうこ〉）
19 ䷒ 臨（地沢臨〈ちたくりん〉）
20 ䷓ 觀（風地観〈ふうちかん〉）

21 ䷔ 噬嗑（火雷噬嗑〈からいぜいこう〉）
22 ䷕ 賁（山火賁〈さんかひ〉）
23 ䷖ 剥（山地剥〈さんちはく〉）
24 ䷗ 復（地雷復〈ちらいふく〉）
25 ䷘ 无妄（天雷无妄〈てんらいむぼう〉）
26 ䷙ 大畜（山天大畜〈さんてんたいちく〉）
27 ䷚ 頤（山雷頤〈さんらいい〉）
28 ䷛ 大過（沢風大過〈たくふうたいか〉）
29 ䷜ 習坎（坎為水〈かんいすい〉）
30 ䷝ 離（離為火〈りいか〉）

下経

31	䷞	咸	（沢山咸）	たくざんかん
32	䷟	恒	（雷風恒）	らいふうこう
33	䷠	遯	（天山遯）	てんざんとん
34	䷡	大壮	（雷天大壮）	らいてんたいそう
35	䷢	晋	（火地晋）	かちしん
36	䷣	明夷	（地火明夷）	ちかめいい
37	䷤	家人	（風火家人）	ふうかかじん
38	䷥	睽	（火沢睽）	かたくけい
39	䷦	蹇	（水山蹇）	すいざんけん
40	䷧	解	（雷水解）	らいすいかい
41	䷨	損	（山沢損）	さんたくそん
42	䷩	益	（風雷益）	ふうらいえき
43	䷪	夬	（沢天夬）	たくてんかい
44	䷫	姤	（天風姤）	てんぷうこう
45	䷬	萃	（沢地萃）	たくちすい
46	䷭	升	（地風升）	ちふうしょう
47	䷮	困	（沢水困）	たくすいこん
48	䷯	井	（水風井）	すいふうせい
49	䷰	革	（沢火革）	たくかかく
50	䷱	鼎	（火風鼎）	かふうてい
51	䷲	震	（震為雷）	しんいらい
52	䷳	艮	（艮為山）	ごんいさん
53	䷴	漸	（風山漸）	ふうざんぜん
54	䷵	帰妹	（雷沢帰妹）	らいたくきまい
55	䷶	豊	（雷火豊）	らいかほう
56	䷷	旅	（火山旅）	かざんりょ
57	䷸	巽	（巽為風）	そんいふう
58	䷹	兌	（兌為沢）	だいたく
59	䷺	渙	（風水渙）	ふうすいかん
60	䷻	節	（水沢節）	すいたくせつ
61	䷼	中孚	（風沢中孚）	ふうたくちゅうふ
62	䷽	小過	（雷山小過）	らいざんしょうか
63	䷾	既済	（水火既済）	すいかきせい
64	䷿	未済	（火水未済）	かすいびせい

「周易序卦伝」の読み下し文

䷀ 乾（けんいてん）	天地有りて、然る後に万物生ず。
䷁ 坤（こんいち）	天地の間に盈つる者は唯だ万物なり。故に之を受くるに屯を以てす。
䷂ 屯（すいらいちゅん）	屯とは盈つるなり。屯とは物の始めて生ずるなり。
䷃ 蒙（さんすいもう）	物生ずれば必ず蒙なり。故に之を受くるに蒙を以てす。蒙とは蒙きなり。物の穉きなり。
䷄ 需（すいてんじゅ）	物の穉きは、養わざるべからざるなり。故に之を受くるに需を以てす。需とは飲食の道なり。
䷅ 訟（てんすいしょう）	飲食には必ず訟有り。故に之を受くるに訟を以てす。
䷆ 師（ちすいし）	訟には必ず衆の起こること有り。故に之を受くるに師を以てす。師とは衆なり。
䷇ 比（すいちひ）	衆は必ず比する所有り。故に之を受くるに比を以てす。比とは比しむなり。
䷈ 小畜（ふうてんしょうちく）	比しめば必ず畜うる所有り。故に之を受くるに小畜を以てす。
䷉ 履（てんたくり）	物畜えられて然る後に礼有り。故に之を受くるに履を以てす。
䷊ 泰（ちてんたい）	履みて泰、然る後に安し。故に之を受くるに泰を以てす。泰とは通ずるなり。

䷋否（てんちひ）
䷌同人（てんかどうじん）
䷍大有（かてんたいゆう）
䷎謙（ちざんけん）
䷏豫（らいちよ）
䷐随（たくらいずい）
䷑蠱（さんぷうこ）
䷒臨（ちたくりん）
䷓観（ふうちかん）
䷔噬嗑（からいぜいこう）
䷕賁（さんかひ）
䷖剥（さんちはく）
䷗復（ちらいふく）

物は以て通ずるに終るべからず。故に之を受くるに否を以てす。

物は以て否に終るべからず。故に之を受くるに同人を以てす。

人と同じくする者は、物必ず帰す。故に之を受くるに大有を以てす。

有つこと大なる者は、以て盈つるべからず。故に之を受くるに謙を以てす。

有つこと大にして能く謙すれば、必ず豫む。故に之を受くるに豫を以てす。

豫めば必ず随うこと有り。故に之を受くるに随を以てす。

喜びを以て人に随う者は必ず事有り。故に之を受くるに蠱を以てす。蠱とは事なり。

事有りて後に大なるべし。故に之を受くるに臨を以てす。臨とは大なるなり。

物大にして然る後に観るべし。故に之を受くるに観を以てす。

観るべくして後に合う所有り。故に之を受くるに噬嗑を以てす。嗑とは合うなり。

物は以て苟しくも合うのみなるべからず。故に之を受くるに賁を以てす。賁とは飾るなり。

飾を致して然る後に亨れば、則ち尽く。故に之を受くるに剥を以てす。剥とは剥ぐなり。

物は以て尽くるに終るべからず。剥すること上に窮まれば下に反る。故に之を受

䷘无妄（てんらいむぼう）
䷙大畜（さんてんたいちく）
䷚頤（さんらいい）
䷛大過（たくふうたいか）
䷜坎（かんいすい）
䷝離（りいか）

くるに復を以てす。
復すれば則ち妄ならず。故に之を受くるに无妄を以てす。
无妄有りて、然る後に畜うべし。故に之を受くるに大畜を以てす。
物畜えられて、然る後に養うべし。故に之を受くるに頤を以てす。頤とは養うなり。
養わざれば則ち動くべからず。故に之を受くるに大過を以てす。
物は以て過ぐるに終るべからず。故に之を受くるに坎を以てす。坎とは陥るなり。
陥れば必ず麗く所有り。故に之を受くるに離を以てす。離とは麗くなり。

右上篇

䷞咸（たくさんかん）

天地有りて、然る後に万物あり。
万物有りて、然る後に男女有り。
男女有りて、然る後に夫婦有り。
夫婦有りて、然る後に父子有り。

父子有りて、然る後に君臣有り。
君臣有りて、然る後に上下有り。
上下有りて、然る後に礼義、錯く所有り。
夫婦の道は、以て久しからざるべからざるなり。故に、之を受くるに恒を以てす。
恒とは久しきなり。

䷟ 恒（らいふうこう）

物は以て久しく其の所に居るべからず。故に之を受くるに遯を以てす。遯とは退くなり。

䷠ 遯（てんざんとん）

物は以て遯るるに終るべからず。故に之を受くるに大壮を以てす。

䷡ 大壮（らいてんたいそう）

物は、以て壮なるに終るべからず。故に之を受くるに晋を以てす。晋とは進むなり。

䷢ 晋（かちしん）

進めば必ず傷るる所あり。故に之を受くるに明夷を以てす。夷とは傷るるなり。

䷣ 明夷（ちかめいい）

外に傷るる者は必ず其の家に反る。故に之を受くるに家人を以てす。

䷤ 家人（ふうかかじん）

家道窮すれば必ず乖く。故に之を受くるに睽を以てす。睽とは乖くなり。

䷥ 睽（かたくけい）

乖けば必ず難有り。故に之を受くるに蹇を以てす。蹇とは難なり。

䷦ 蹇（すいざんけん）

物は以て難に終るべからず。故に之を受くるに解を以てす。解とは緩やかなるなり。

䷧ 解（らいすいかい）

緩やかなれば必ず失う所有り。故に之を受くるに損を以てす。

䷨ 損（さんたくそん）

益（ふうらいえき）
夬（たくてんかい）
姤（てんぷうこう）
萃（たくちすい）
升（ちふうしょう）
困（たくすいこん）
井（すいふうせい）
革（たくかかく）
鼎（かふうてい）
震（しんいらい）
艮（ごんいさん）
漸（ふうざんぜん）

損して已まざれば必ず益す。故に之を受くるに益を以てす。

益して已まざれば必ず決す。故に之を受くるに夬を以てす。夬とは決するなり。

決すれば必ず遇う所有り。故に之を受くるに姤を以てす。姤とは遇うなり。

物相い遇いて而して後に聚まる。故に之を受くるに萃を以てす。萃とは聚まるなり。

聚まりて上る物は、之を升と謂う。故に之を受くるに升を以てす。

升りて已まざれば必ず困しむ。故に之を受くるに困を以てす。

上に困しむ者は必ず下に反る。故に之を受くるに井を以てす。

井道は革めざるべからざるなり。故に之を受くるに革を以てす。

物を革むる者は鼎にしくはなし。故に之を受くるに鼎を以てす。

器を主る者は、長子にしくはなし。故に之を受くるに震を以てす。震とは動くなり。

物は以て動くに終るべからず。之に止まる。故に之を受くるに艮を以てす。艮とは止まるなり。

物は、以て止まるに終るべからず。故に之を受くるに漸を以てす。漸とは進むなり。

䷵ 帰妹（らいたくきまい）
䷶ 豊（らいかほう）

進めば必ず帰する所有り。故に之を受くるに帰妹を以てす。其の帰する所を得る者は、必ず大なり。故に之を受くるに豊を以てす。豊とは大なるなり。

䷷ 旅（かざんりょ）
䷸ 巽（そんいふう）
䷹ 兌（だいたく）
䷺ 渙（ふうすいかん）
䷻ 節（すいたくせつ）
䷼ 中孚（ふうたくちゅうふ）
䷽ 小過（らいざんしょうか）
䷾ 既済（すいかきせい）
䷿ 未済（かすいびせい）

大を窮むる者は必ず其の居を失う。故に之を受くるに旅を以てす。
旅にして容るる所無し。故に之を受くるに巽を以てす。巽とは入るなり。
入りて後に之を説ぶ。故に之を受くるに兌を以てす。兌とは説ぶなり。
説びて後に之を散らす。故に之を受くるに渙を以てす。渙とは離るるなり。
物は以て離るるに終るべからず。故に之を受くるに節を以てす。
節して之を信ず。故に之を受くるに中孚を以てす。
其の信有る者は必ず之を行う。故に之を受くるに小過を以てす。
物に過ぐること有る者は必ず済る。故に之を受くるに既済を以てす。
物は窮まるべからざるなり。故に之を受くるに未済を以てして終るなり。

右下篇

◆読み始めは「序卦伝」から

『易経』を読み始めようとする時、「序卦伝」から始めるということに、奇妙なことをするものだ、と思うかもしれない。

書物は始めからきちっと読んでいくべきだ、という通念から、『易経』を開いて、その冒頭にある乾の卦(か)から読み始める。だが、こういう読み方だと、そのほとんどが、ほどなく挫折してしまう。

古書店で易の本を見ていると、最初の乾の卦から少しばかり先までは、傍線を引いたり書き込みをしたりして、一生懸命に読んだ跡が残っているのに、その後は、きれいなままで、全く開いた形跡がない本に出遇うことがある。そんな時は、「ああ、ここまで読んだのか」と、その読者の格闘ぶりが目に浮かぶ気がする。ほとんど読まれることもなく、古書店へ売りに出されてしまった易の本が、何とももったいなく思うのだ。

『易経』は難しい本だ、とよく言われるが、それは、読み方を知らないからである。小説や論文を読むのと同じような感覚で、これを読もうとするからである。

『易経』を読むには、それなりにコツがある。

まず、易の全体像をつかむことが大事。それには、「序卦伝」が最適である。「序卦伝」には、六十四卦の全ての卦の名が、『易経』の配列にしたがって記載されている。しかも、「序卦伝」自体が大変短い文章で、読むのにたいした負担にはならない。卦の名と、卦の代表的な意味を覚えるのに、大変便利にできている。だから、これをくり返し読むことによって、易の概略がほぼつかめるようになる。

六十四の卦の形と卦の名、そして大まかな卦の意味が分かってきたら、後は『易経』の中の好きな卦から読めばよい。そうしているうちに、易の専門用語や、卦を読む上での独特なルールも、自然に分かって、身についてくる。

ただ「乾」と「坤」の卦は、全陽と全陰の卦であって、あまりにも単純でありすぎて難しい。昔、平安時代の朝廷で易の講義をする時には、乾の卦と坤の卦は一番最後に講義をした、ということを聞いたことがある。ある程度、卦が読めるようになってからでないと、「乾」「坤」を理解することは難しい。

この章の冒頭に、「序卦伝」の全文を、読み下し文にして掲載してある。この数ページの文章を、音読してほしい。いわゆる「素読」である。音読するだけで、おおよその意味はつかめるはずである。くり返しくり返し音読して、暗唱できるほどに読み込んでほしい。この単純な作業が、『易経』入門」の第一歩であり、同時にそれは「易の世界」への最短距離なのである。

「周易序卦伝」 上篇

有天地、然後萬物生焉。

天地有りて、然(しか)る後(のち)に万物生ず。

(天と地、すなわち䷀乾と䷁坤の卦があって、その後にあらゆる物が発生するのである。)

䷀ 乾為天(けんいてん)

この卦は、上の卦は☰乾であり、下の卦も☰乾である。また、六画の卦の名も乾である。卦の六爻の全てが陽爻であって、陰爻の混じり気が全くない。純粋な陽である。陽の性質は、積極であり、充実であり、盛んに活動することである。そして、それは決して疲れてしまうことがない。そこで、「乾は健なり」というのである。

そもそも、この宇宙間にあますところなく行き渡っている大元気、万物を発生させ、それを養い育てている大元気を、「天」という。易では、この天を、純粋な陽の卦である乾の卦に配当する。人の世においては、天子あるいは君主・指導者などが、この卦に配当される。

乾の卦では、それを龍にたとえて説いている。純粋に陽であるもの、その全てに当てはまるようにするために、具体的な物の名を用いず、「龍」という想像上の動物に仮託して説いている。

䷁ 坤為地（こんいち）

この卦は、上の卦も下の卦も、共に☷坤である。また六画の卦の名も坤である。卦の六爻のすべてが陰爻であって、陽爻の混じり気が全くない。純粋の陰である。

陰の性質は、消極であり、受け身であり、虚であり休止である。

大地のはたらきは、万物を生み出し、養い、育てることである。しかし、地それ自身には、万物を生み出す力、養い育てる力は、少しもないのである。それは、天の元気を受けて、はじめてできることである。天の元気が、地のはたらきとなって現れ出るのである。地は、ひたすら天の元気を受けるのであり、極めて消極であり、受け身である。そこで、この地を、純粋な陰の卦である「坤」の卦に配当する。

䷂ 水雷屯

盈天地之間者唯萬物。故受之以屯。屯者盈也。屯者物之始生也。

天地の間に盈つる者は唯だ万物なり。故に之を受くるに屯を以てす。屯とは盈つるなり。屯とは物の始めて生ずるなり。

＊盈つる……天地の間に、万物がいっぱいに充満していることをいう。
＊屯……生気をこめて地上に芽を出そうとして、出悩むさま。

（天と地の間に充満している物は、ただ万物だけである。だから、䷀乾と䷁坤の卦の次には、䷂屯の卦が置かれている。屯とは、充満するということである。また屯とは、物が始めて生ずるということである。）

「屯」とは、伸び難んでいることをいう。

屯という字は、草木がはじめて地上に芽を出したのだが、曲っていて、まだ充分に伸びることのできない形をあらわしている。草木がはじめて生じ、内には充分に発育していくだけの気力を備えてはいるが、まだ思うように伸びることができないで、行き難んでいるのである。これが屯の字の意味である。

卦の象は、上の卦は☵坎の寒気であり、下の卦は☳震の草木の芽である。草木の若い芽が、盛んに奮い動いて伸びようとしているが、その前方には、まだ厳しい寒気があって、そのために充分に伸びることができないで苦しんでいる。この卦の形は、そのような状態をあらわしている。

そもそも物事がはじめて生じ、行なわれる時には、屯の苦しみは付きものである。一切の物事は、この屯難（ちゅんなん）から始まる。だからこの苦しみは、誰でもが必ず経験することであり、これなくしては、物事の創業はないのである。

では、この屯難を乗り切っていくには、どのようにしたらよいのだろうか。経文（けいぶん）では「諸侯を建てるがよろしい」と述べている。全てを自分一人の力で行なおうとはせずに、能力のある人を挙げ用いて、主要な地位をまかせ、自分を助けて事を遂行するようにするのがよろしい、ということである。

このように、人を使って行なうことであるならば、それに適した人材を登用するということが、「侯を建てる」に当たるわけだが、人を使わずに、自分だけで行なわなくてはならないことであるならば、この「侯を建てる」とはどのようなことであろうか？

それは、その計画と方針の最も基礎となるところ、最も土台となるところを重視して、それを挙げ用いること、と考えてみるのも、一つの方策となるであろう。

䷃ 山水蒙（さんすいもう）

物生必蒙。故受之以蒙。蒙者蒙也。物之穉也。

物（もの）生ずれば必ず蒙（もう）なり。故に之（これ）を受（う）くるに蒙（もう）を以（もっ）てす。蒙（もう）とは蒙（くら）きなり。物の穉（おさな）きなり。

＊蒙……おおう。くらい意。

（物が生じたばかりの時は、必ず蒙昧（もうまい）である。だから、屯の卦の次には、䷃蒙の卦が置かれている。蒙とは、昧（くら）いということであり、また物が幼稚な状態である、ということである。）

「蒙（もう）」とは、くらい、ということであり、理に明らかでない、ということである。

蒙という字は、草に覆われて、その中が暗くなっている、という形である。

この卦は、今は蒙昧で智恵が明らかでないけれども、その暗くしているもの、覆っているものを取り除けば、本来の明らかな智恵が現れてくることを説いている。

それは、ちょうど人の幼い時のようなものであって、その本性自体が暗昧（あんまい）なのではない。この卦は、その、蒙昧を啓（ひら）く道を説くのである。この卦が、「教育の卦」といわれるのは、このことによる。

卦の辞は、占筮（せんぜい）をして吉凶禍福を問うことになぞらえて、教える人と教えられる人との関係を述べている。

「我が方から童蒙の啓発を求めて行くのではない、童蒙が我へ求めて来るものである」と。教えを求める者の自発性が、何よりも大事である。いくら外から与えてみても、自分から求めていくのでない限り、それは押し付けとなってしまって、蒙を啓く役には立たない。

また「占筮にあたっても、誠意をもって求めてくる初筮であれば、よく吉凶を告げ知らせるが、疑いの心を起こして同じ占いを再三くりかえすようでは、占筮の神聖さを穢(けが)すことになる。神聖さが穢されて失われれば、もはや吉凶は告げない」と。教えを受ける者の態度に、誠意をもって受け入れようという気持がなければ、これもまた、蒙昧を啓くことは得られない。

蒙を啓く任に当たる者は、特定の「師」であるとは限らない。天地を師とし、自然を師とするというような場合もあるであろう。あるいは、古人を師とするという場合もあるはずである。その他にも、いろいろな場合があるであろう。しかしいずれにしても、その関係は、皆な同じ道理なのである。

䷄ 水天需(すいてんじゅ)

物穉不可不養也。故受之以需。需者飲食之道也。

物(もの)の穉(おさな)きは、養わざるべからざるなり。故に之を受くるに需(じゅ)を以てす。需(じゅ)とは飲食の道なり。

＊需……「まつ」「もとめる」の意。ここでは、養われることを求めること。

＊飲食の道……人を養うこと。飲食を以て代表させていう。

(物が生まれたばかりで幼い時には、それを養い育てなければならない。だから、蒙の卦の次には、䷄需の卦が置かれている。需とは、飲食の道、すなわち人を養い育てるについての道である。)

「需(じゅ)」とは、時を待つ、ということである。

「序卦伝」では、「飲食の道」であると述べている。経文では、「待つ」という意味から辞を付けている。

卦の象においては、上の卦は☵坎の川であり、艱難(かんなん)である。下の卦は☰乾であり、進むという性質がある。今、内卦の乾の卦は、進もうとするのだが、前方に大川があって進むことができない。そこで、無理に進もうとはせずに、時を待つのである。

この卦は、艱難を前にして、ただ止まって時を過ごしているのではない。進むということを前提にして、その条件が調(ととの)うまでの間、飲食を充分にして、つまり力をつけ、英気を養い、条件を充分に整備して、待つのである。

卦の性質よりみれば、外卦の☵坎は、内に充実した誠(まこと)を持っており、内卦の☰乾は、剛健である性質を備えている。

そもそも「待つ」ということは、剛健な者でなければ、できないことである。柔弱な性質の者では、じっと辛抱して時を待つことができず、つい軽挙妄動して、今までの努力を一挙にだめにしてしまう。

「進んでいくために、時を待つ」ということは、この需の卦が持っている二つの性質、充実した誠と剛健な性質を身に付けてこそ、はじめてできることなのである。

䷅ 天水訟（てんすいしょう）

飲食必有訟。故受之以訟。

飲食には必ず訟（うったえ）有り。故に之を受くるに訟（しょう）を以てす。

＊訟……公の場で互いに言い分を通して争うこと。

（飲食のことは、必ず争いごとを生ずるものである。だから、需の卦の次には、䷅訟の卦が置かれている。）

「訟（しょう）」とは、訴えることである。

人間が必要とするものは、いろいろあるけれど、その最も代表的なものが、食べ物である。飲食物が、人間が必要として求めるもの、欲望するものの代表である。

人と人との争いは、この人が欲求するものをめぐって、それを得ようとするところから起こる。それを得るための資源、利益、権力、名誉、等をめぐって、必ず争いごとが起き、訴えごとが起こる。

卦の象は、上の卦は☰乾の天であり、下の卦は☵坎の水である。天は高くして上に在り、水は下へ下へと、低い所へ流れていく。この二つは、その向かう方向が違うのである。その思うところ、その目指すところ、その望むところが、全く反対である。そこで争うことになる。世の中の争いは、皆なこのようなことから起こる。

䷆ 地水師

訟必有衆起。故受之以師。師者衆也。

訟には必ず衆の起こること有り。故に之を受くるに師を以てす。師とは衆なり。

＊師……軍隊のこと。『説文解字』によれば「二千五百人を師となす」とある。

＊衆……大勢の人の意。

(争いごとには、必ず大勢の人が一緒になって、相戦うという事態が生ずるものである。だから、訟の卦の次には、䷆師の卦が置かれている。師とは、大勢の人が相戦うという意味である。)

「師(し)」は、「もろもろ」と訓ずる。大勢の人のことをいう。ここから転じて、軍隊の意味に用いる。

争いごとは、大きくなれば個人と個人の争いを越えて、大勢の人が、集団で争うようになる。この卦は、大勢の人々を率いて、戦争することについての道を説いている。

卦の象は、上の卦は☷坤の地であり、下の卦は☵坎の水である。この卦は、地の中に水が集まっている。そこから、多くの人が集まっている卦の象とする。

六爻の状態では、この卦のただ一つの陽爻である二爻は、下の卦の中を得ている。これは、部下の兵士を統括している象である。他の陰爻は、この二爻の将軍に従っている将兵である。陽爻が複数ある時には、結集する力が二つに分かれてしまって、うまく統括することができ難いが、この卦では、この二爻に総てが結集できるので、師の道がうまく行なわれるのである。

五爻と二爻との関係については、五爻の陰爻は柔順な天子であり、二爻の陽爻と陰陽応じている。これは、五爻の天子が、二爻の陽爻を厚く信頼して、一切をこの二爻に委任している象である。つまり、現場の責任者の行動に対しては、一切の束縛をしないのである。こういう全面的な信頼があるので、師の道がうまく行なわれる。

䷇ 水地比（すいちひ）

衆必有所比。故受之以比。比者比也。

衆（しゅう）は必ず比（ひ）する所有り。故に之を受くるに比（ひ）を以てす。比（ひ）とは比（した）しむなり。

＊比……親しみ輔けること。この字は、人が二人並んでいる形。

（大勢の人が集まれば、必ず相親しみ相輔けることが起こるものである。だから、師の卦の次には、䷇比の卦が置かれている。比とは、親しむということである。）

「比（ひ）」とは、人と人とが親しみ輔（たす）けることをいう。

比の字は、人が二人並んでいる形の字であり、二人が並んで同じ方向を向き、親しんでいるのである。この卦は、人と人が親しむことについての道を説いている。

卦の象は、上の卦は☵坎の水であり、下の卦は☷坤の地である。地の上に水がある象である。土は、水の潤す力によって、はじめて草木を成長させることができる。また、水は、土によってはじめて物を潤すはたらきを成し遂げることができる。このように、土と水は離れることなく、互いに相助けている。だから、この卦を、親しむことの象とするのである。

六爻については、この卦は、陽爻は五爻の一陽だけである。この爻は、五爻という天子の位に居り、その性質は剛である。そして、上の卦の中（ちゅう）を得ており、陽の位に陽でいて、いるべき位が正しい。陽爻としては理想的な爻である。他の爻は皆な陰爻であり、この一つの陽爻に親しんでいる形である。

人間の社会でいえば、一人の指導者が万民を親しみ、万民はこの指導者を仰ぎ見ている形である。

䷈ 風天小畜(ふうてんしょうちく)

比必有所畜。故受之以小畜。

比(した)しめば必ず畜(たくわ)うる所有り。故に之を受くるに小畜(しょうちく)を以てす。

＊畜……この字には、①留める②貯える③養うの三つの意味があるが、しかし結局のところは、同じことである。この「序卦伝」では、主として「貯える」意味を採って解している。

(多くの人々が相親しみ輔けるならば、必ず物は貯えられるようになる。だから、比の卦の次には、䷈小畜の卦が置かれている。)

「小畜(しょうちく)」とは、小さいものが、大きいものを止(とど)める、あるいは、貯えること。そこから、あるものを、少しく止める、貯える意にもなる。「序卦伝」では、主として「貯える」という面から見ており、また経文では、主として「止める」という面から見て辞が付けられている。

その集団の内部が、よく和合していれば、物が貯えられて、豊かになるのであり、また多くの人がよく親しめば、互いに離れ難くなって、しばらく留まることになる。これも、小畜の象である。

卦の象は、上の卦は☴巽であり、陰の卦である。下の卦は☰乾であり、純陽の卦である。内卦の乾の卦が上へ進もうとするのを、外卦の巽の陰卦が、押さえて止めている。陰の卦であるから、その力は弱く、完全に押さえることはできないが、ある程度までは留めることができるのである。これも、小畜の象である。

純陽である乾の卦を、陰の卦である☴巽が、力で押さえ留めることはできない。そこで、巽の卦の性質である巽順な態度や、人にへりくだる性質や、柔和な行動を用いて、内卦の乾を和らげて止めるのである。女が男を止める、臣下が君主を止める、子が親を止める、妻が夫を止める等のことは、皆なこれと同じである。小畜の象である。

䷉ 天沢履（てんたくり）

物畜然後有禮。故受之以履。

物畜（ものたくわ）えられて然（しか）る後（のち）に礼（れい）有り。故に之を受くるに履（り）を以てす。

＊礼……人のふみ行うべき規範。

＊履……足で物をふむということ。転じて、物事をふみ行なう意に用いる。

（物が貯えられて豊かになって、その後にはじめて礼儀が行なわれるようになる。だから、小畜の卦の次には、䷉履の卦が置かれている。）

「履（り）」とは、足で物を践（ふ）むことをいう。

「序卦伝」では、履の卦を「礼の卦」とみて、辞（ことば）を付けている。衣食住の不自由がないようになって、はじめて礼が行なわれる、と説いている。

卦の象は、上の卦は☰乾の天であり、下の卦は☱兌の沢である。この卦は、前に全陽の☰乾の卦があり、その後を履んで、☱兌の少女、最も年少の娘が付いていく形である。

この卦は、大きい者の後を履んで、その後から小さい者が付いて行くことを説いている。小さい者が、大きな者の後に付いて行くことは、困難であり、また危険なことである。柔弱な人が、剛強な人に仕えている場合、臣下が君主に仕える場合、あるいは、人が、ある大きな事業に携わって、それを実行に移そうと進んで行く場合など、皆なこの象である。それは、困難であり、危険も多い。経文では、その大きなものを「虎」にたとえて、その後から付いて行くことを、「虎の尾を履む」ような危険なこと、と表現している。

では、どのようにしたらよいのだろうか？

それは、☰乾の剛健な性質、つまり怠ることなく、疲れることのない努力と、☱兌の和(やわら)ぎ悦ぶ性質、常に悦び楽しみの気分を持って事に当たること、この二つの性質を用いて、その事に対処してゆくことだ、と教えている。

䷊ 地天泰(ちてんたい)

履而泰然後安。故受之以泰。泰者通也。
履(ふ)みて泰(たい)、然(しか)る後(のち)に安(やす)し。故に之を受くるに泰(たい)を以てす。泰(たい)とは通ずるなり。

＊泰……ゆったり落ちついていること。
＊通……滞ることがないこと。

（礼節が行なわれゆったりと落ちついて、その後に初めて安らかになる。だから、履の卦の次には、䷊泰の卦が置かれている。泰とは、物事がすらすらと通じて停滞することがない、ということである。）

「泰(たい)」とは、通ずるということである。物の関係でいえば、双方の物の気が、相交わって通ずることである。人の関係でいえば、当方と先方の考えが、互いに通ずることである。気が交わって通じていれば、安泰であり、通じていなければ、塞がって、うまく事が運ばなくなる。

郵便はがき

料金受取人払郵便

牛込局承認

5362

差出有効期間
令和６年12月
４日まで

162-8790

東京都新宿区
早稲田鶴巻町五二三番地

株式会社 藤原書店 行

（受取人）

ご購入ありがとうございました。このカードは小社の今後の刊行計画および新刊等のご案内の資料といたします。ご記入のうえ、ご投函ください。

お名前	年齢
ご住所 〒 TEL　　E-mail	
ご職業（または学校・学年、できるだけくわしくお書き下さい）	
所属グループ・団体名　　連絡先	
本書をお買い求めの書店 市区郡町　　書店	■新刊案内のご希望　□ある　□ない ■図書目録のご希望　□ある　□ない ■小社主催の催し物案内のご希望　□ある　□ない

読者カード

本書のご感想および今後の出版へのご意見・ご希望など、お書きください。
（小社PR誌『機』「読者の声」欄及びホームページに掲載させて戴く場合もございます。）

本書をお求めの動機。広告・書評には新聞・雑誌名もお書き添えください。
店頭でみて　□広告　□書評・紹介記事　□その他
小社の案内で　（　）　（　）　（　）

ご購読の新聞・雑誌名

小社の出版案内を送って欲しい友人・知人のお名前・ご住所

ご住所 〒

購入申込書（小社刊行物のご注文にご利用ください。その際書店名を必ずご記入ください。）

冊	書名 冊
冊	書名 冊

指定書店名　住所

都道府県　市区郡町

卦の象は、上の卦は☷坤の地であり、下の卦は☰乾の天である。この卦は、天が下にあって、地がその上に乗っている形である。実際、このような状態は正常ではなく、とても安泰とはいい難い。

だが、この卦は、気について述べているのであって、形について言っているのではないのだ。天の気は下にあって上に上ろうとしており、地の気は上にあって下ろうとしている。こうして天の気と地の気とが相交わって通ずるので、事がうまく運ぶようになるのである。

この卦は、陽の気と陰の気、君と臣、上と下、君子と小人、その他、すべて両方の気が相通じて調和することをあらわしている卦である。

一年の陰陽の盛衰では、この卦䷊泰は、旧暦正月（今の二月）の卦である。外卦である地の上には、まだ陽気が盛んに現れていないが、内卦である地の下には、陽気が充実しており、もう少しで地の上に現れ出ようとしている形である。

䷋　天地否（てんちひ）

物不可以終通。故受之以否。

物（もの）は以て通ずるに終るべからず。故に之を受くるに否（ひ）を以てす。

＊否……ふさがる。とじる。

十二消息卦				十二支	十二月	旧暦	
䷁	坤	こん	（坤為地）	亥	11月	10月	立冬
䷗	復	ふく	（地雷復）	子	12月	11月	冬至
䷒	臨	りん	（地沢臨）	丑	1月	12月	
䷊	泰	たい	（地天泰）	寅	2月	正月	立春
䷡	大壮	たいそう	（雷天大壮）	卯	3月	2月	春分
䷪	夬	かい	（沢天夬）	辰	4月	3月	
䷀	乾	けん	（乾為天）	巳	5月	4月	立夏
䷫	姤	こう	（天風姤）	午	6月	5月	夏至
䷠	遯	とん	（天山遯）	未	7月	6月	
䷋	否	ひ	（天地否）	申	8月	7月	立秋
䷓	観	かん	（風地観）	酉	9月	8月	秋分
䷖	剥	はく	（山地剥）	戌	10月	9月	

十二消息卦

一年の陰陽の盛衰を表した十二の卦

（物事は、いつまでも停滞することなく通じたままで終わる、ということはできない。だから、泰の卦の次には、䷋否の卦が置かれている。）

「否（ひ）」とは、塞がって通じないことをいう。

卦の象では、上の卦は☰乾の天であり、高くして上に在る。下の卦は☷坤の地であり、低くして下に在る。形からみれば、天が上に在って、地が下に在るのは、当たり前の正常な姿であるが、その気においては、上に在る陽の気はますます上へ、下に在る陰の気はますます下へ下って、この両者は、交わり調和することがない。気が交わることがなければ、物事は塞がって通じない。この卦は、形について言っているのではなく、気について述べているのである。

人事についてみれば、上の指導者の考えは下の者に通ぜず、下の者の考えは、上の指導者に通じない。これは、上の指導者と下の者との間に生じた「否」である。

向こうのものの気とこちらのものの気が、相交わらない。向こうのものとこちらのものとの関係が、離れ離れになっており、調和していない。だから物事が、すらすらと運んでいかないのである。

ところで、物事は、いつまでも通ずる状態でいることはできない。やがては、互いに通じない状態になるものである。だから「泰」の卦の後に「否」の卦が置いてある。自然界においても、人間社会においても、「泰」と「否」とは、相互に循環しているのである。

一年の陰陽の盛衰では、旧暦七月（今の八月）、立秋から一カ月を、この卦に配当する。外卦にはまだ陰気が現れていないけれども、卦の内部の内卦には陰気が充実しており、やがてそれは表に現れて盛んになる。䷋否の卦が䷓観となり䷖剝となり、ついには陰の気ばかりの䷁坤の卦になっていく。

自然界の陰陽の盛衰は、ほぼ一定したリズムを描いている。だが人間社会のそれは、人間の工夫によっては、䷊泰の状態を、ある程度長く継続することができるのである。

䷌ 天火同人（てんかどうじん）

物不可以終否。故受之以同人。

物は以て否（ひ）に終るべからず。故に之を受くるに同人（どうじん）を以てす。

＊同人……人と和同すること。人と心を一つにして協同すること。

（物事は、いつまでも塞がったままで終わってしまうことはできない。だから、否の卦の次には、䷌同人の卦が置かれている。）

「同人（どうじん）」とは、人と同じくすること。人と協同することである。

この卦は、人と協同して、力を合わせることについての道を説いている。

物事は、いつまでも塞がって通じないままでいることはない。乱が窮(きわ)まれば治(ち)に復(かえ)る、というのが道理である。それには、大勢の人が力を合わせて、乱れを治める必要があるのだ、と「序卦伝」は説いている。

卦の象は、上の卦は☰乾の天であり、下の卦は☲離の火である。火の性質は「炎上」である。それは上の方向、つまり天（☰）に向かって燃え上がっており、天とその方向を同じくしている。このことから、同人の卦の象とする。

また、この卦は、陰爻が二爻だけであり、他の五つの陽爻は、皆なこの陰爻を求めて集まってくる。これも、同人の意である。

外卦の☰乾の卦と、内卦の☲離の卦とは、異なった卦であるけれど、その向かっている方向は同じである。お互いに違う者が、同じ方向に進もうとして力を合わせること、これが同人ということの意味である。

䷍　火天大有(かてんたいゆう)

與人同者物必歸焉。故受之以大有。

人と同じくする者は、物(もの)必ず帰(き)す。故に之を受くるに大有(たいゆう)を以てす。

＊帰す……帰服する。付き従う。
＊大有……保有することが大なること。

（人と心を同じくして協同する時には、人や物は必ず帰服し、付き従ってくる。だから、同人の卦の次には、䷍大有の卦が置かれている。）

「大有（たいゆう）」とは、大なる者（陽）を保有すること。ここから、大いに所有する、という意に用いる。卦の象は、上の卦は☲離であり、火・太陽である。下の卦は☰乾の天である。この卦は、太陽が天の上に高く輝いている、という形である。地の上にある全ての物は、皆な悉（ことごと）くこの日に照らされる。故に大有の卦の象とする。

この卦は、陰爻が五爻ただ一つだけである。他の五つの陽爻は、この五爻の陰爻に統括されている。五爻の陰爻は、五つの陽爻を自分のものとして所有しているのである。ここから、大いに所有する意味が出る。

そもそも陰爻は、自分自身には大きな才能を持っていない。陽爻に、ひたすら従順に従うことがその性質である。この五爻の陰爻の天子は、順であって中庸の性質を持っている。だから、自分を虚しくして、五つの陽爻の賢人の言葉に従うことができるのである。その結果、人々は皆なこの天子に心服して、忠誠を尽くすようになる。これは、五爻の天子自身に才能があることよりも、ずっと大きな効果が得られるのである。

䷎ 地山謙

有大者不可以盈。故受之以謙。

有つこと大なる者は、以て盈つるべからず。故に之を受くるに謙を以てす。

＊盈つる……みつる。満。

＊謙……へりくだる。謙遜すること。

（その保有することが既に大きい者は、その権勢を充満させてはならない。満れば必ず欠けることになるからである。富めば富むほど、わが身を低くし、謙遜してへりくだるようにすべきである。だから、大有の卦の次には、䷎謙の卦が置かれている。）

「謙」とは、謙遜すること。へりくだることをいう。

外面だけ自分を卑下しており、その実、内面は慢心している、このような表面だけの謙遜は、本当の謙遜ではない。君子は、自分の能力を知っており、自分が足りないところ、自分の限界を充分に承知している。だから、自然に謙遜にならざるを得ないのだ。謙遜することはよいことだからとして、謙遜するのではない。

「序卦伝」では、大きくなればなるほど、富めば富むほど、よく謙遜してへりくだらなければならない、と言っている。「謙」は、大有をよく保って失わないようにする道なのだ。
卦の象は、上の卦は☷坤の地であり、下の卦は☶艮の山である。本来ならば高いはずの山が、地の下に在るのである。高いはずの山が、低い地の下に屈しているのは、謙の象である。

䷏ 雷地豫

有大而能謙必豫。故受之以豫。
有つこと大にして能く謙すれば、必ず豫む。故に之を受くるに豫を以てす。
＊豫……よろこび、楽しむこと。
(その有することが大きく、そしてわが身を低くしてよく謙遜していれば、保有するものを失うことがなく安泰であって、必ず楽しむことができる。だから、謙の卦の次には、䷏豫の卦が置かれている。)

「豫」とは、楽しむことである。
この卦は、悦び楽しむことについて説いている。
『易経』の中にある「豫」の字には、次の三種の用法がある。

一、「繋辞伝」では「重門撃柝以て暴客を待つ、蓋し諸を豫に取る」とあり、あらかじめ備えることと、とする。

二、「序卦伝」では「喜びを以て人に随う者は、必ず事有り」とあり、悦び楽しむ、とする。

三、「雑卦伝」では「豫は怠るなり」とあり、楽しみ怠る、とする。

この卦は、この三つの意味を合わせて読む必要がある。

「序卦伝」では、自分の所有するものがたくさんあり、そして謙虚な態度である時は、自分の持っている物を失うことはなく、悦び楽しむことができる、と説いている。

卦の象は、上の卦は☳震の雷であり、下の卦は☷坤の地である。地の下にあった陽の気が、地の上に現れ出たのである。それによって草木も芽を出し、万物は皆な楽しみ悦ぶのである。この卦は、旧暦三月の清明（今の四月上旬）に配当する。

䷐ 沢雷随

豫必有隨。故受之以隨。

豫めば必ず随うこと有り。故に之を受くるに随を以てす。

＊随……したがう。従。

（悦び楽しめば、必ず多くの者がそれに付き従ってくる。だから、豫の卦の次には、䷐随の卦が置かれている。）

「随(ずい)」とは、従う、ということである。

この卦は、従うことについて説いている。従うということは、「人に従う」ことばかりではない。「時代に従う」ということもある。また、「世相に従う」ということもある。その他にも、従うべきものはいろいろと考えることができる。何に従うべき時なのか、それを見極めることが大切である。

卦の象は、上の卦は☱兌の年少の娘であり、陰の卦である。下の卦は☳震の年長の男であり、陽の卦である。この䷐随の卦は、陽の☳震の卦が、陰の☱兌の卦に従っている。そして、陰の☱兌の卦は、それを悦んで楽しんでいるのである。

また、☱兌の弱者に、☳震の強者が従っている、と見ることもできる。また、内卦を我とし外卦を先方とすれば、☳震の我は先方に従っているが、先方の☱兌は、口を外に向けていて我を顧みない状況である、と見ることもできる。

䷑ 山風蠱(さんぷうこ)

以喜随人者必有事。故受之以蠱。蠱者事也。

喜びを以て人に随(したが)う者は必ず事(こと)有り。故に之を受くるに蠱(こ)を以てす。蠱(こ)とは事(こと)なり。

＊蠱……破れる。壊乱、惑乱の意。
＊事……できごと。事変。蠱の字そのものには「事」という訓詁はない。程子は『易伝』において「蠱を事と訓ずるにはあらず。蠱なれば乃ち事あるなり」と言っている。

(喜び楽しんで人に従う時には、心持ちが安楽に流れ、その結果、必ずいろいろな出来事が起こるものである。だから、随の卦の次には、䷑蠱の卦が置かれてある。蠱とは、いろいろな出来事ということである。)

「蠱(こ)」とは、物や事の内部が腐敗することである。

蠱の字は、皿の上の物に虫が三匹もついていて、物が腐敗しているという形である。いかによい制度であっても、長くたつと必ずいろいろな弊害が出る。この卦は、この腐敗や弊害を処置することを説いている。

卦の象は、上の卦は☶艮の山であり、下の卦は☴巽の風である。風が山に突き当たって、吹き荒れており、そのために、草木が吹き乱されている。

また、人事においては、年上の女である☴巽女が、年下の男の☶艮男の下に下っている。☴巽女が☶艮男を誘惑する象である。

蠱敗の時には、思い切った改革を実行する必要がある。経文では、父あるいは母の行いから生じた弊害を、子が正していく、という設定で辞が付けられている。

『易経』の六十四卦には、改革を行なうという卦が、三つある。

䷸巽……天下に号令をして改革する。（最も軽い）

䷑蠱……先代の弊害を是正する。

䷰革……天命が改まる。革命。（最も激しい）

䷒ 地沢臨(ちたくりん)

有事而後可大。故受之以臨。臨者大也。

事(こと)有りて後に大(だい)なるべし。故に之を受くるに臨(りん)を以てす。臨(りん)とは大なるなり。

＊臨……上から下を見ること。「のぞむ」と訓ずる。

＊大……あるものに臨むには、そのものよりも高い所にいるか、あるいはそのものよりも大きいものであることが必要であることから、「大なるなり」という。臨という字そのものには、「大なり」という訓詁はない。

（いろいろな出来事があり、それをうまく処置することができて、その後に、はじめて大きくなることができる。だから、蠱の卦の次には、䷒臨の卦が置かれてある。臨とは、大きいということである。）

「臨（りん）」とは、のぞむこと。高い所から低い所を見下ろすことをいう。この卦は、天子が下の人民に臨（のぞ）んで、それを治めるについての道を説いている。

「序卦伝」では、この卦を「大きいということ」と解している。臨の卦は、高い所から低い所に臨んでいるのであるから、すなわち「大きい」のである。

一年の陰陽の盛衰では、この卦を旧暦十二月（今の一月）の卦とする。

䷁坤　旧暦十月（今の十一月）から、

䷗復　旧暦十一月（今の十二月）を経て、

䷒臨　旧暦十二月（今の一月）になったのである。

これを人の一生に配当すれば、陽爻が二つになった䷒臨の卦は、青年期に当たる。盛んに伸びようとする時期であり、陽の気の勢いの盛んな時である。

䷓　風地観（ふうちかん）

物大然後可觀。故受之以觀。

物（もの）大にして然（しか）る後（のち）に観（み）るべし。故に之を受くるに観（かん）を以てす。

＊観……じっと物事を観察すること。低い所から仰ぎ観ること。

（物は大きくなって、その後に初めて仰ぎ見ることができる。だから、臨の卦の次には、䷓観の卦が置かれてある。）

「観（かん）」とは、観るということである。物をよく観察するという意である。

この卦は、観るということについての道を説いている。

卦の象は、上の卦は☴巽の風であり、下の卦は☷坤の地である。風が地の上を行く象である。風がよく地上を吹きまわるように、すみずみまで四方をよく観察する。そこで、観の卦の象となる。

また、☴巽の卦は樹木であり、この卦は、地の上に高い木が生えている形である。そこから、仰ぎ観る、という意味にもなる。

この卦の六爻には、「観る」ことの六つの形が示されている。

初爻に「童観（どうかん）」という。子供のような幼稚な観方をいう。

二爻に「闚観（きかん）」という。戸の隙間から闚（うかが）い観るような、視野の狭い観方をいう。

三爻は「我が生を観る」。自分の生き方を省察して、進退を決するのである。

四爻は「国の光を観る」。君徳の反映である、政治・制度・礼楽などの立派な様子を観る。

五爻は「我が生を観る」。我が行いの反映である、民の風俗の良否を観る。

上爻は「其の生を観る」。自分の行なった行為の、結果を観察する。
さて、一年の陰陽の盛衰では、旧暦の八月の卦（今の九月）である。

䷋否　旧暦七月（今の八月）
䷓観　旧暦八月（今の九月）
䷖剥　旧暦九月（今の十月）
䷁坤　旧暦十月（今の十一月）

世の中の状況では、観は二陽四陰であり、次の剥では一陽五陰となって、陽爻の君子の勢いは衰えていく。そしてついに坤の卦の時には、君子は一人もいなくなり、陰の小人ばかりになってしまうのである。

䷔　火雷噬嗑（からいぜいこう）

可観而後有所合。故受之以噬嗑。嗑者合也。
観るべくして後に合う所有り。故に之を受くるに噬嗑を以てす。嗑とは合うなり。
　＊噬嗑……口の中にある物をかみ砕いて、上顎と下顎が合うこと。噬は、かむこと。嗑は、合うこと。

（仰ぎ観ることができて、その後にはじめて一緒になろうとするようになる。だから、観の卦の次には、䷔噬嗑の卦が置かれてある。嗑とは、合同して一つになろうとするということである。）

「噬嗑（ぜいこう）」とは、かみあわせる意である。上と下の間にある障害物を噛み砕いて、上下が合うことをいう。二つのものが一緒になろうとすると、それを妨げるものが出てくる。それを噛み砕いて合同するのが、噬嗑の卦である。

卦の象は、上の卦は☲離の明察であり、下の卦は☳震の奮動・威力である。自分から大いに奮い動いて、邪魔者を除き去る活動をすることが必要である。しかしそれには、明らかな智恵を持った活動でなくてはならない。この動くこと（☳）と明らかなること（☲）が必要である。

この卦は、果断なる威力（☳）と聡明なる智恵（☲）とを備えているので、噬嗑の道がうまく行なわれる。

またこの卦は、上爻の陽爻を上顎（うわあご）とし、初爻の陽爻を下顎（したあご）とし、二爻から五爻までを口の中とする。その口の中に四爻の陽爻があって、上下が合うのを邪魔している形である。この妨害となっているものを、噛み砕いて上下が合うのである。

この妨害となるものが何であるかを、考えてみることが重要である。それは、必ずしも形のある物とは限らない。人間関係における、ある特定の人物、という場合もある。あるいは、自分自身の心の中のあるもの、例えば、自分がこだわっているある事柄、という場合もあるであろう。いずれにせよ、こちらと向こうの間に、あるものが在って、それが妨げとなって事がうまく運ばないのである。この卦は、その障害を噛み砕いて、上下が合うことについて、説くのである。

経文では、この卦を、刑罰を用いて悪人を懲らしめる意味に解している。初爻の陽爻を罪の軽い罪人とし、上爻の陽爻を罪の重い罪人とし、二爻から五爻までを、罪人を裁く獄吏というように設定して、各爻の辞が付けられている。

䷕ 山火賁（さんかひ）

物不可以苟合而已。故受之以賁。賁者飾也。

物は以て苟（いや）しくも合（あ）うのみなるべからず。故に之を受くるに賁（ひ）を以てす。賁（ひ）とは飾（かざ）るなり。


*賁……飾る。修飾する。

*苟しくも……いいかげんにすませること。


（物事は、ただ単に合同するということだけですむものではない。必ず飾りたてて美しく調える、ということが必要である。だから、噬嗑の卦の次には、䷕賁の卦が置かれてある。賁とは、飾るということである。）

「賁（ひ）」とは、飾ることをいう。

この卦は、飾ることについての道を説いている。卦の象は、上の卦は☶艮の山であり、下の卦は☲離の火である。山のふもとで火が燃えており、それが美しく照り映えている情景である。

そもそも文飾とは、陰と陽・柔と剛とが交わることをいう。理想的な飾は、陰と陽とがほどよく調和している状態である。それが、陰ばかりでも美しくないし、また陽ばかりでも美しくない。陰・陽が、うまく調和していることが必要なのだ。

この卦では、内卦の☲離は、二本の陽爻の間に一本の陰爻が入っている。陽爻の実質の間に、陰爻が入っている。素朴な実質があって、それに文飾を加えたのである。

外卦の☶艮は、二本の陰爻の文飾の上に、一本の陽爻の実質がある。美しい文飾があって、それに素朴な実質を加えたのである。

ところで、この「飾る」ということには、二種類の形がある。

実質がないのに、上辺だけを飾る。これを「虚飾」「虚礼」という。表面だけを取り繕っても、その実質は何もない。

きちっとした実質があって、それを引き立てるために飾る。これが、本来の「飾」の意義である。実質があくまでも本（もと）であって、飾ることはその末なのである。本末を違えてしまっては、何にもならないのである。

䷖ 山地剥

致飾然後亨則盡矣。故受之以剥。剥者剥也。

飾を致して然る後に亨れば、則ち尽く。故に之を受くるに剥を以てす。剥とは剥ぐなり。

＊亨……事がうまく行なわれること。

＊尽く……極まって尽きてしまうこと。修飾が盛んになりすぎると、そのものの実質を失って、行き詰まってしまうことをいう。

＊剥……はぐこと。剥ぎ落とすこと。

（充分に飾りを整えて、その後に事がうまく行なわれるようになるのだが、飾るということもあまりに盛んになりすぎると、必ず行き詰まってしまうものである。だから、賁の卦の次には、䷖剥の卦が置かれてある。剥とは、剥ぎ落とされることである。）

「剥」とは、剥ぎ落とすことをいう。

この卦は、陰爻が陽爻を剥ぎ落とすのである。経文では、陽爻の君子の勢いが衰えて、陰爻の小人の勢いが盛んになる、という方面から、卦・爻の言葉が付けてある。

卦の形では、一番上に陽爻が、わずかにただ一つ残っているだけである。初爻から五爻まで、全て陰爻であり、下層階級も中産階級も皆な腐敗している。一番上の上流階級が、わずかに残っているだけであり、その上流階級も、そう長くは持ちこたえられない状況である。

卦の象は、上の卦は☶艮の山であり、下の卦は☷坤の地である。山が地に付いている。そして、その山も間もなく崩れて、平地になろうとしているのである。

一年の陰陽の盛衰でいえば、この卦は旧暦の九月（今の十月）の卦である。

䷓観　旧暦八月（今の九月）
䷖剥　旧暦九月（今の十月）
䷁坤　旧暦十月（今の十一月）
䷗復　旧暦十一月（今の十二月）

䷗　地雷復（ちらいふく）

物不可以終盡。剥窮上反下。故受之以復。

物は以て尽くるに終わるべからず。剥すること上に窮まれば下に反る。故に之を受くるに復を以てす。

＊復……返る。復帰する。

（物事は、尽きて終わってしまうことはできない。剥ぎ尽くされることが最上部まで窮まれば、必ず一番下において一陽が生ずるのである。だから、剥の卦の次には䷗復の卦が置かれてある。）

「復（ふく）」とは、陽が復（かえ）ってくることをいう。

一年の陰陽の盛衰でいえば、この卦は、旧暦十一月（今の十二月、子（ね）の月）の、冬至の時に当たる。䷖剥の上爻の陽爻が剥ぎ落とされて、陽爻は一つもなくなり、䷁坤の全陰の卦になってしまうと、間髪を入れず、一陽が、再び下に復帰してくるのである。これが、䷗復の卦である。䷖剥の上爻の陽爻が復ってきて、この䷗復の初爻の陽爻になったのである。

䷗復になったからといって、すぐに気候が温かくなるのではない。陽の気が復ってきたとはいっても、それは極めて微弱なものである。実際には冬至の後に、最も寒い「小寒」「大寒」がある。

物事の状況が変わる微かな萌（きざ）し（䷗復）が見えた後も、実はしばらくの間は、今までの弊害が続くのである。むしろそれは、今までよりも一層強く現れる。この、微弱な萌しと目の前に現れている実際の現象とのズレを、しっかりと知っておくことが重要である。

ところで、䷖剥の卦において、まず下の部分の困窮がはじまり、やがてそれが中流に波及し、ついには上層部にまで困窮が及び、世の中全体が、ちょうど山が崩れて平地になってしまったように、大いに乱れると、社会の下層の中から、新しい秩序を作り出す動きが、生れてくるのである。世の中が大きく乱れた時には、それを是正する動きは、必ず下層の中から始まるのである。中流や上層部からは、それを処置する力は、生れてはこないのである。これが、「一陽来復」の意義である。

卦の象は、上の卦☷坤は地であり、下の卦☳震は雷である。雷が地の下に潜んでいるのである。陽の気は、まだ地上には現れていない。地の下に潜んでいる微弱な陽の気である。陽の気が地上に現れ出ると、卦は䷗復から䷏豫となる。雷が地上に飛び出て、盛んに奮い動いている形である。

䷘ 天雷无妄

復則不妄矣。故受之以无妄。

復すれば則ち妄ならず。故に之を受くるに无妄を以てす。

＊无妄……至誠の意。虚妄のないこと。妄とは、真実でないことをいう。

（根本のところに立ちかえる時には、皆な正しい理に合致して真実でないことはない。だから、復の卦の次には、䷘无妄の卦が置かれてある。）

「无妄（むぼう）」とは、真実至誠であることをいう。妄は、真実でないこと。でたらめ。いつわりの意。何かを期待して行なうのではない。ただ自分の為すべきことを行なうだけである。そこには、少しの私心もないのである。

程子（ていし）は「動くに天を以てするを无妄と為す。動くに人欲を以てすれば則ち妄なり」と述べている。

卦の象は、上の卦は☰乾で天であり、下の卦は☳震で動くという性質がある。動くに天を以てする、天の理に則（のっと）って動く、ということであり、ここには、少しも私の心がないのである。これが无妄の象である。人欲によって動くと、妄になる。

䷙ 山天大畜（さんてんたいちく）

有无妄然後可畜。故受之以大畜。

无妄（むぼう）有りて、然（しか）る後（のち）に畜（たく）わうべし。故に之を受くるに大畜（たいちく）を以てす。

＊畜……とどめる、たくわえる、養う意。大畜は、大なるもの、すなわち陽が蓄える、という意。ここから、大いに蓄えるという意が生ずる。

（妄念妄想がなく、至誠の徳があって、その後に大いに蓄えることができる。だから、无妄の卦の次には、䷙大畜の卦が置かれてある。）

「大畜（たいちく）」とは、大なる者が止（とど）める、大なる者が蓄える、大なる者が養う、という意である。ところで、六十四卦の中で、大の付く卦は四つある。「大有」「大畜」「大過」「大壮」である。これ等の卦においては、「大」とは、陽を指していう。

「畜」は、とどめる、たくわえる、やしなう、という三つの意味を兼ねて読む。

「序卦伝」では、妄念、妄見、邪念などがない「天の理に従って動く」という行動の結果が、大なるものを蓄えることができる、ということにつながることを述べている。大畜は无妄の徳の結果である。

卦の象は、上の卦は☶艮の山であり、止めるという性質がある。下の卦は☰乾であり天の気である。陽の卦の☶艮山が、陽の卦の☰乾天、即ち天の気を止めている。大きい山が天の元気をたくさん止め蓄えているので、山の草木が成長することができるのである。

またこの卦は、上爻の陽爻が、下の卦の三陽を止め蓄えている。陽爻が陽爻を止め蓄えているのだから、大いに蓄えることができるのである。

この卦と似た卦に、䷈小畜がある。小畜では、☴巽の陰の卦が☰乾の陽の卦を止め蓄えている。また、四爻の陰爻が下の卦の三陽爻を止め蓄えている。陰が陽を止め蓄えるのであるから、それは「蓄えることが小さい」のであって、「大いに」というわけにはいかないのである。

䷚ 山雷頤（さんらいい）

物畜然後可養。故受之以頤。頤者養也。

物畜（たくわ）えられて、然る後に養うべし。故に之を受くるに頤（い）を以てす。頤（い）とは養うなり。

＊頤……おとがいの意。ここから、養うという意味が生ずる。

（物が十分に蓄えられて、その後に養うことができるようになる。だから、大畜の卦の次には、䷚頤の卦が置かれてある。頤とは、養うことである。）

「頤（い）」とは、おとがい。あごのこと。転じて「養う」意とする。

上の卦は☶艮であり、山の卦であるから、止まって動かない。下の卦は☳震であり、雷の卦であるから、動く性質がある。上が止まって動かず、下が動くので、これを上顎と下顎に象るのである。

このように、䷚頤は、あごの象がある。ここから養うという意味が出る。この卦は、養うについての道を説いている。自分の徳を養うこと、他者を養うこと、肉体を養うこと、精神を養うこと、天子が天下の民を養うこと、この卦は、そういういろいろな養いの道について説くのである。

卦の性質からみれば、上は止って動かず（☶）、下は盛んに奮い動いている（☳）。根本のところには、じっと動かないものがあり、その一方では、盛んに活動するものがある。この二つの相反するはたらきがよく調和して、養いの道がうまくゆくのである。全部が動き出してしまっては、何のはたらきもできない。

六爻を見ると、上爻と初爻が陽爻であり、充実している。その他の中間の二三四五爻は陰爻であり、空虚である。大きく口を開けている形であるが、その口の中には、何も物が入っていないのである。内部が空虚であることが重要である。中に物が入っていれば、新たに取り入れることができない。新たな養いを受け付けないのである。たとえよいものでも、入っていくことができないのである。

中が空虚であるということは、心の中に私心・私利・私欲などが全くない、ということである。何もない、ということが、大切な点である。

䷛ 沢風大過（たくふうたいか）

不養則不可動。故受之以大過。

養わざれば則ち動くべからず。故に之を受くるに大過（たいか）を以てす。

＊大過……大なるもの、すなわち陽が過ぎること。ここから、大いに過ぎるという意味が生ずる。

（養わなければ、動くことができない。十分に養う時には、大いに人に過ぎたことを行なうことができるのである。だから、頤の卦の次には、䷛大過の卦が置かれてある。）

「大過（たいか）」とは、大なるもの、つまり陽が盛んに過ぎること。そこから、物事が大いに過ぎる、という意にもなる。

経文では、「棟撓（むなぎたわ）む」という辞で表現している。卦の六爻の全体を、一本の棟木（むなぎ）とみる。その初爻と上爻を棟木の両端とし、二三四五爻を中の部分とする。今この棟木は、その両端が陰爻で弱く、中の部分が陽爻で重いのである。これを、棟木が撓んでいる象とする。

もう一つの見方は、二三四五爻を棟木とみて、初爻と上爻の陰爻を、それを支える梁や柱と見る。四つの陽爻の棟木を、初爻・上爻の陰爻では、支えることができない。そこで、棟木が撓む象とする。

この卦は、中間の部分があまりにも充実していて、上部と下部とが、極端に貧弱である。人間の社会について考えれば、中間の階級が大変盛んであり、それに対して上層階級や下層階級に力がない。このように上下が貧弱になれば、結局のところ、真ん中の中間階級も、困窮に陥って滅びてしまうのである。この卦は、そうした場合に、どのように対処するのがよいかを説くのである。

卦の象は、上の卦は☱沢の水であり、下の卦は☴巽の木である。沢水が増水して、巽木がそれに没してしまっている。木が育つには水が必要であるといっても、木を覆ってしまうほどの水は、かえって木を滅ぼしてしまう。必要なものでも、あまりに過ぎれば、かえって害となってしまうのである。

そもそも、世の中に害をなすのは、何も悪いものばかりとは限らない。よいものであり、必要なものであっても、それがあまりにも盛んに過ぎる場合には、かえってそのことが、災いを引き起こすことになるのである。

䷜ 坎為水

物不可以終過。故受之以坎。坎者陥也。

物は以て過ぐるに終わるべからず。故に之を受くるに坎を以てす。坎とは陥るなり。

（物事は、いつまでも大いに過ぎていることはできない。過ぎることが長く続く時には、必ず困窮して困難な状況に陥るものである。だから、大過の卦の次には、䷜坎の卦が置かれてある。坎とは、艱難に陥るということである。）

「習坎」とは、坎が重なっていることをいう。

☵坎は、川である。習坎とは、坎の川を渡っても、先にもう一つ川がある。困難なことが一つでは済まないのである。この卦は、二重の艱難に陥ってしまい、どうにもならなくなってしまった場合に処する道を説くのである。

卦の象は、上の卦は☵坎の水であり、危険な穴である。下の卦もまた☵坎であり、水であり、穴であり、艱難である。上下の二重の艱難に陥ってしまって、動くことができない。これは、悪い面から見た、この卦の状況である。

この卦を、よい方面から見ることもできる。☵坎の卦は、真ん中に陽爻があって、中が充実している。心の中に誠が充実している象である。この卦は、この真ん中の陽爻の充実した誠と、何者にも屈しない剛強な性質と、中庸の徳とによって、この困難な状態に対処していくのである。

☲ 離為火

陥必有所麗。故受之以離。離者麗也。

陥れば必ず麗く所有り。故に之を受くるに離を以てす。離とは麗くなり。

＊麗……付く。付着すること。

（困難な状況に陥れば、必ず何物かに付着して落ち着くものである。だから、坎の卦の次には、☲離の卦が置かれてある。離とは、付着することである。）

「離」とは、火であり、明らかであることであり、付着するという意味である。

「序卦伝」では、付着する、という意味から、この卦を解釈している。

☲離の卦は、真ん中の陰爻が、二つの陽爻に付いている。この一つの陰爻が、上の陽爻に付けば、下の陽爻からは離れなければならない。下の陽爻に付けば、上の陽爻からは離れなければならない。一方に付けば、他の一方からは離れなければならないのだ。両方に、同時に付くことはできない。そこから、この卦には、付くという意味と同時に、離れるという意味も出てくるのである。

火は、もともと形の無い物である。何か他のものに付着して、そこではじめてその形が現れる。全ての物は、何かの物に付いて、はじめてそのはたらきをすることができる。それが大きなはたらきをするには、正しいところに付いている必要がある。

人が付くところのものは、その人がどういう人に付いているか、どういう人と親しんでいるか、どういうことを仕事としているか、どういう活動に付いているか、どういう考えに付いているか等々、その人に付くところのものを、充分に見きわめることが大切である。経文では、これ等のことについての道を説いている。

また☲離の卦は、三画の真ん中が陰爻で、空虚であることから、物事をよく見、よく知り、そして明らかにすることができるのである。それは、中に含むものが何もないので、よく外のものを入れることができるからである。心の中にものを含んでいると、それが邪魔をして、外のものが入ってくることができないのだ。内に何もないということが、非常に重要なことなのだ。

「周易序卦伝」　下篇

䷞ 沢山咸（たくさんかん）

有天地、然後有萬物。有萬物、然後有男女。有男女、然後有夫婦。有夫婦、然後有父子。有父子、然後有君臣。有君臣、然後有上下。有上下、然後禮義有所錯。

天地有りて、然（しか）る後（のち）に万物あり。
万物有りて、然る後に男女有り。
男女有りて、然る後に夫婦有り。
夫婦有りて、然る後に父子（ふし）有り。
父子有りて、然る後に君臣有り。

君臣有りて、然る後に上下（じょうげ）有り。

上下有りて、然る後に礼義（れいぎ）、錯（お）く所有り。
＊錯く……「おく」と訓（よ）む。設け施すこと。

（天地が有って、その後に万物が生ずる。

万物ができあがって、その後に男と女の性別が生ずる。男と女があって、その後に夫婦の道ができる。

夫婦の道が定まって、その後に父と子の関係ができる。

父と子の関係ができて、その後に君臣の道が定まる。

君臣の道ができあがって、その後に貴賤の秩序ができ、上下の礼が定まる。

上下の礼が定まって、その後に礼儀が行なわれるようになる。）


「咸（かん）」とは、感ずることをいう。

この卦は、相感ずることについての道を説いている。

感ずるということは、若い男女ほど顕著な者はない。そこで☱兌の少女と☶艮の少男のこの卦を、咸とするのである。ここから、この卦を夫婦の道の始まる卦とする。

そして更に、あらゆる物と物、人と人との間の、相感ずる道に推し広げて考えていくのである。

「序卦伝」では、次のように説いている。天地が万物を生じた後、男女の区別ができる。男女ができあがって、その後に夫婦の道ができ、夫婦の道が定まると、その後に父と子の親子の関係ができる。親子の関係ができた後に、君臣の道が定まる。君臣の道が定まった後に、身分の上下の別が決まり、上下の礼が行なわれるようになるのだ、と。

男女の夫婦の関係ができあがってから、順々に人間の社会の秩序の関係が定まってきたのである。だから、下経では、男女が相感ずることを説いている䷞咸の卦を冒頭に置き、次に、夫婦の道を説いている䷟恒の卦を置いて、この二つの卦から始まるのである。

卦の象では、上の卦は☱兌の沢であり、年少の娘である。下の卦は☶艮の山であり、年少の男である。この卦は、山の上に沢がある形である。山全体に、沢の潤いが行きわたっている。「山沢気を通ず」と「説卦伝」にあるように、☶艮と☱兌が気を通じて、密接な関係にある。

また、少男が少女の下にある形である。若い男（☶）が若い女の下にくだり、機嫌をとって愛を求める。若い女（☱）はそれを悦んで（☶）応じている。若い女と若い男は、最も感じやすい者であり、咸の象である。

䷟ 雷風恒（らいふうこう）

夫婦之道不可以不久也。故受之以恆。恆者久也。

夫婦の道は、以て久しからざるべからざるなり。故に、之を受くるに恆を以てす。恆とは久しきなり。

＊恒……常の意。久しく変らないこと。

（夫婦の道は、永く久しく継続しなければならない。だから、咸の卦の次には、䷟恒の卦が置かれている。恒とは、久しいということである。）

「恒」とは、久しく長く変らないことをいう。

物事は、常に変化しているが、その中に、一つの変わることのないものがある、というのが「恒」の意味である。人生においても、いろいろなことが起こり、絶えず変化しているが、その変化する中にも、固く守っているものがあって、一つの節操があるべきである。

しかし、自分が守らなければならない道を守っているとして、頑固に固まってしまい、臨機応変の処置をとることができないようでは、恒の道にかなったとはいえない。正しい道を守って進んで行き、その時その時、進歩するところに「恒」の道があるのである。進んで変化する中に、変わらないものがあるということが「恒の卦」の意味なのである。

卦の象は、上の卦は☳震の年長の男であり、動くという性質がある。下の卦は☴巽の年長の女であり、へりくだって柔順であるという性質がある。この卦は、年長の男女の組み合わせである。

䷞咸の卦では、男女が相感じ、年少の男が下に下って結婚を求めて、夫婦になる。夫婦の道の始まりである。

䷟恒では、夫婦になってから後のことを説いている。つまり結婚した後は、長男は外へ出て動き、長女は内にあってへりくだって柔順である。

䷠ 天山遯(てんざんとん)

物不可以久居其所。故受之以遯。遯者退也。

物(もの)は以て久(ひさ)しく其(そ)の所に居(お)るべからず。故に之を受くるに遯(とん)を以てす。遯(とん)とは退(しりぞ)くなり。

＊遯……退き避けること。逃れ去ること。

（物事は、いつまでも久しくその所に止(とど)まっていることはできない。だから、恒の卦の次には、䷠遯の卦が置かれている。遯とは、退くということである。）

「遯(とん)」とは、隠遁する、退き避けるという意味である。

遯の卦は、下に陰爻の小人が生じて、次第に勢いを強めてきているので、陽爻の君子は、その害を避けて隠遁するのである。この卦は、君子が世を避けて隠遁するについての道を説いている。

物事が発展する頂点に達した時、その時に衰退する微かな兆(きざ)しが生ずる。これが䷫姤である。

それはまだ微小であって、大きな勢力ではないが、やがてはっきりとした形をとるようになる。それが䷠遯である。こうなると、その勢いは益々すすみ、もはや挽回することができなくなってくる。

このような場合、君子は如何に努力しても無駄であり、また自らの身に災いを被るだけであることを知って、世の中を避けて隠遁し、時期の到来を待つのである。

一年の陰陽の盛衰では、この卦は旧暦の六月（今の七月）に当たる。

䷫姤……旧暦五月（今の六月）夏至の時に当たる。この時、一陰が生ずる。

䷠遯……旧暦六月（今の七月）陰が成長し、勢力を増す。

䷋否……旧暦七月（今の八月）陰が更に勢力を増す。

䷡　雷天大壮

物不可以終遯。故受之以大壮。

物は以て遯るるに終わるべからず。故に之を受くるに大壮を以てす。

＊大壮……大なる者、すなわち陽が盛んであるということ。

（物事は、いつまでも退いたままに終わってしまうことはできない。退いて養っているうちには、だんだんと力もついて、旺んになってくるものである。だから、遯の卦の次には、䷡大壮の卦が置かれている。）

「大壮（たいそう）」とは、大なるもの、つまり陽が壮（さか）んであることをいう。そこから、意味が広がって、「大いに旺ん」ということにもなる。

卦の象では、上の卦は☳震の雷、下の卦は☰乾の天、天の上で雷が轟いている形である。まことに勢いが壮んな状態である。

陰と陽の盛衰をみると、この卦は、䷊泰の状態、陰と陽とがそれぞれに半分ずつの、ちょうどバランスのとれた状態から、一歩進んで、陽爻が四つ、陰爻が二つになったのである。陽の気が陰の気よりも一歩盛んになったのであり、このままでは更に䷪夬となり、ついには䷀乾の全陽の卦になってしまう。陰爻が一つもない状態に向かう勢いにある。

人事に当ててみれば、陽爻の君子の勢いが盛んであり、小人の勢いはだんだんに衰えていく。そして、ついには小人は全く滅びてしまうのである。

君子の勢いが盛んであるが、こういう時には、とかく盛んな勢いに乗って、行動が行き過ぎてしまう恐れがある。経文では、そのことを心配して、特に「大壮の卦の時には、正しいことを固く守っていくのがよい」と戒めの辞を記している。

䷢ 火地晋(かちしん)

物不可以終壯。故受之以晉。晉者進也。

物は、以て壮(さかん)なるに終るべからず。故に之を受くるに晉(しん)を以てす。晉(しん)とは進むなり。

＊晋……進むこと。日が上り進む意。

（物事は、旺んな状態のままで、いつまでも動かないでいることはできない。必ず上に昇り進もうとする。だから、大壮の卦の次には、䷢晋の卦が置かれている。晋とは、進むということである。）

「晋(しん)」とは、進むという意味である。

『説文(せつもん)』では、この字を「日出でて萬物進むなり」と説いている。この卦は、進んで行くことについての道を説くのである。

晋の字と進の字との違いは、「晋」は、日が昇り進む意であり、明らかであるという意を含んでいる。これに対して「進」は、ただ前に進むという意味であり、明(めい)の意を含んではいない。

卦の象では、上の卦は☲離であり、日輪である。下の卦は☷坤であり、大地である。それは、大地の上に日が出て、昇り進むことを象っている。

地の上に日があるところから、この卦を昼間の卦とするが、似た卦に䷍大有がある。大有は、天の上に日が輝いており、中天の一番高い所に日が昇ったのである。晋の卦は、地の上に日が昇ったところ、「大有」の盛んであることには及ばない。

ところで、六十四卦には、進むという意味の卦が三種ある。

䷢晋……日が地上に昇り進む。
䷭升……地中に蒔かれた種が成長して伸び進む。
䷴漸……山の上に生えている樹木が少しずつ伸びる。

進むことの勢いは「晋」が一番、次が「升」、その次が「漸」である。

䷣ 地火明夷

進必有所傷。故受之以明夷。夷者傷也。

進めば必ず傷るる所あり。故に之を受くるに明夷を以てす。夷とは傷るるなり。

＊明夷……明るさが傷つけられること。
＊傷る……傷つき敗れること。

（勢いにまかせて進んでゆけば、必ず傷つくことがある。だから、晋の卦の次には䷣明夷の卦が置かれている。夷とは、傷つき敗れるということである。）

「明夷（めいい）」とは、「明」は明るいこと、「夷」は、傷つけられることを指す。明が傷つけられ、害されること。明るさが害されるのであるから、真っ暗闇の状態である。

卦の象では、上の卦は☷坤の地であり、下の卦は☲離の明である。明るい日輪が、地の下に没してしまったのである。地上は暗くなって、夜が訪れたのである。地の上に日が昇っている卦である䷢晋を昼の卦とすれば、日が地の下に没しているこの卦䷣明夷は、まさに夜の卦といえる。

人事においては、下には道理に明らかな人達がいるけれど、上の君主は暗愚な者であって、世の中全体を暗くしている本人であり、そのために人々は苦しんでいる状況といえる。道理が道理として、正論が正論として通じない、理不尽な暗黒の世の中である。

このような「明夷の時」に対処するにはどうしたらいいのだろうか。

正常さを失っている時であるから、内には☲離の明智を保持しながらも、それを外には表さず、外には☷坤の愚を装って、智を晦（くら）まし、才能を隠して災いを避けるのである。そうするより、他には方法がないのである。夜が明けて明るくなるまで、辛抱が肝心である。

夜がいつまでも続くということはない。必ずそれは解けて、やがて日が上ってきて夜明けになる。夜の「明夷」と昼間の「晋」とは、往来する。

←䷣明夷…地の下に日が沈む。

䷧解……暗闇が解けて日が顔を出す。

䷦蹇(けん)……日がほとんどあらわれる。
→䷢晋……日が地上に出て、昇り進む。

䷤　風火家人(ふうかかじん)

傷於外者必反其家。故受之以家人。

外に傷(やぶ)るる者は必ず其の家に反(かえ)る。故に之を受くるに家人(かじん)を以てす。
＊家人……一家の人の意。家の中を正しく整えることに象(かたど)る。
(外において傷つき敗れた者は、必ずその本拠である自分の家に帰って来るものである。だから、明夷の卦の次には、䷤家人の卦が置かれている。)


「家人(かじん)」とは、一家の人、家庭・家族の意である。この卦は、家を治める道を説いている。

卦の象は、上の卦は☴巽であり、家族の中では、長女すなわち年長の娘である。下の卦は☲離であり、中女すなわち中頃に生まれた娘である。この長女に、下の中女が従順に従っている。一家の中の女がうまく和合しないために、家庭が乱れるということはよくあることである。この卦は、長女と中女が、それぞれにそのいるべき位置にあって、よく和合している。そのため家の中はよく治まっているのである。
この卦は、下に火（☲）が燃えており、温まった空気が風（☴）となって吹き上がっている形である。この風と火は、その向かう方向が同じである。その好むところ、志すところが共通しているのだ。経文に「風、火より出づ」とあるのは、このことを言ったものである。内から外へ、物事が波及していくことをいうのである。

国を治めるには、まず家を治めることから始まる。まず家が治まって、それが外に現れ出て、国に及ぶのである。この卦は、物事は、まずその内部を調えることが重要であり、やがてそれは外へ波及していく、ということを教えている。

個人が物事を行なっていく場合でも、このことには変わりない。まずその物事の基本となること、その基礎となることをきちんと修め、それが外に現れ出て物事が成るのである。まず内部を調えよ、ということが基本である。「内から外へ」という方向が、この卦を読み解く上での重要な視点である。

䷥ 火沢睽（かたくけい）

家道窮必乖。故受之以睽。睽者乖也。

家道（かどう）窮（きゅう）すれば必ず乖（そむ）く。故に之を受くるに睽（けい）を以てす。睽（けい）とは乖（そむ）くなり。

＊乖……そむく。
＊睽……互いに背き離れること。

（家道が禍いを被って困窮すれば、必ず内部にさまざまな食い違いが生ずるものである。だから、家人の卦の次には、䷥睽の卦が置かれている。睽とは、互いに相背くということである。）

「睽（けい）」とは、反目することをいう。

この卦は、上の者と下の者との、志すところが違っているのである。家人は、家がよく治まっていることを示す卦である。それに対してこの卦は、家の内が治まらず、和合していないことを示している卦である。この卦は、このような時に対処する道を説いている。

卦の象は、上の卦は☲離の火であり、中女である。下の卦は☱兌の沢であり、少女、つまり年少の娘である。

☲離火は燃えて、その気は上へ昇る。☱兌沢は低い下の方へ流れ下る。その両者の向かう所は正反対の方向である。だから、この両者の考えや思いは交わらない。

あるいは、☲離の中女と☱兌の少女は、それぞれに好む所があり、それが異なっている。その考えの向かう所が違うのである。だから和合することがない。経文に「二女同居して、その志は行いを同じくせず」と述べているのは、このことを言ったのである。

このような、行き違いや誤解を生じて、互いに背き離れている時には、どのようにしたらよいのだろうか。問題の解決を外に求めるのではなく、内に眼を向けるべきである。まず内部を調えることが先決である。この卦には、背いて後に和す意があるから、時間はかかっても、調うことが不可能というのではないからである。

䷦ 水山蹇（すいざんけん）

乖必有難。故受之以蹇。蹇者難也。

乖（そむ）けば必ず難（なん）有り。故に之を受くるに蹇（けん）を以てす。蹇（けん）とは難なり。

＊難……困難にあって苦しみ難むこと。
＊蹇……足が不自由な意。滞るさまをいう。

(互いに背きあっていれば、必ず困難なことに出遇って、苦しみ難（なや）むことになるものである。だから、睽の卦の次には、䷦蹇の卦が置かれている。蹇とは、困難にあって苦しみ難むことである。)

「蹇（けん）」とは、足なえ、歩行が困難なことをいう。転じて、行く手に困難なことがあって、進み難い意味にとる。

卦の象では、上の卦は☵坎水で、陥る意、下の卦は☶艮山で、止まる意である。険しい山（☶）を乗り越えても、更に先に大きい川（☵）があるのである。これでは、とても進むことは難しい。一難去ってまた一難、困難な状況が幾重にも重なっている。進むことも退くことも、共に困難である。まさに進退窮まった状況なのだ。

また、前に渉る（わた）ことのできない大きな川（☵）があるので、進むことができずに、そこに止まって（☶）いる形でもある。

このような、「蹇」の卦の状況においては、どのように対処したらよいのだろうか？　それは、「険を見て止まる」ことだと、経文では説いている。まずは止まり、無理に進もうとはせず、なるべくやさしい道、方法を選んで、艱難を乗り切っていくべきである。目前に困難なことがあれば、なんとしてもそれを越えて行こうと、妄動するのが人の常である。しかし、ここで妄動するのが、最も危険なことなのだ。

䷧　雷水解（らいすいかい）

物不可以終難。故受之以解。解者緩也。

物は以て難に終わるべからず。故に之を受くるに解（かい）を以てす。解とは緩（ゆるや）かなるなり。

＊解……解け散る意。
（物事は、いつまでも苦しみ悩んでいることはできない。必ずそれを解決する方法があるものである。だから、蹇の卦の次には、䷧解の卦が置かれている。解とは、困難が解けて緩むということである。）


「解（かい）」とは、解け散る意である。

朱子の『周易本義』では、「解とは難の散ずるなり」と言っている。この卦は、艱難の解け散る場合に処する道を説いている。

卦の象では、上の卦は☳震で、動くという意である。下の卦は☵坎で、艱難の意である。今この卦は、動いて艱難より抜け出した形を示している。

この䷧解の卦は、䷂屯の卦の形と対比させて意味を考えると、分かりやすい。解の卦は、屯の卦の内卦の☳震の若い芽が、外卦の☵坎の寒気を突き破って、その外に躍り出た形である。

䷂屯の卦においては、艱難が前にあるので、そのために進むことができずに難儀している。内卦の☳震が盛んに奮い動いて、それを乗り越えようと努力している状況である。自然界では、寒気（☵）が地上を覆っており、そのために、地下では若い芽（☳）が、伸び悩んでいるのだ。そこで、盛んに奮発して、ついにはこの寒気を突き破って、伸び進んできたのである。

卦の形でいえば、䷂屯の内卦の☳震が奮い進んで、外卦の☵坎の上に躍り出たのであり、ここに至って寒気は解け散じたのである。

この䷧解の卦は、旧暦二月（今の三月）の、春分の頃に当たる。ちょうど春雷が轟きわたり、草木が皆芽を出す時節である。

䷨ 山沢損（さんたくそん）

緩必有所失。故受之以損。

緩（ゆるや）かなれば必ず失（うしな）う所有り。故に之を受くるに損（そん）を以てす。

＊損……減ずること。

（困難が解けて緩やかになれば、必ず気持が緩んで、何ものかを失うようなことになるものである。だから、解の卦の次には、䷨損の卦が置かれている。）

「損（そん）」とは、減って少なくなることをいう。経文では、下の卦を減らして上の卦を益（ま）すという面から、卦の辞が付けられている。

卦の象は、上の卦は☶艮の山であり、下の卦は☱兌の沢である。この卦は、もとは䷊泰の卦であったが、その三爻の陽爻が、上爻に上って☶艮となり、上爻の陰爻が三爻に下って☱兌となったので、䷨損の卦になったのである。つまり、内卦の陽爻を損して、外卦を益したのである。

下を損して上を益すとは、どのようなことをいうのだろうか。

諸侯が、天子に物を献上する、というように、目上の人に贈り物をする、というようなことが考えられる。また、民に税を課してそれを徴収することも、この損の卦の象である。あるいは、内卦を自分とし、外卦を先方とすれば、自分を損して、先方のために力を尽くす、というようなことも、下を損して上を益す、ということであり、この卦の象である。また、自分の過ちを減らし、正しい道に従うこと、とみることもできるであろう。

䷩ 風雷益

損而不已必益。故受之以益。

損して已まざれば必ず益す。故に之を受くるに益を以てす。

＊已……やむ。

＊益……増しふやすこと。

（いつまでも損じてばかりいれば、油断していた気持も引き締まってきて、その結果、必ず益して増しふやすようになる。だから、損の卦の次には、䷩益の卦が置かれている。）

「益（えき）」とは、物がふえること。物をふやすこと、である。

益の字は、皿の上に、横になった水の字があり、皿の上に水を入れる形を表している。皿の中に水を注いで、増しふやしてゆく形である。

この卦は、物がふえることについて、物をふやすことについての道を説いている。

上の卦の☴巽は、もとは☰乾の卦であった。その三陽爻の内の一爻を損（へら）して☴巽となったのである。下の卦の☳震は、もとは☷坤の卦であった。その三陰爻の内の一爻が変じて☳震となった。上の卦を損して、下の卦を益（ま）したのである。

あるいは、䷋否の卦の、初爻と四爻が入れ代わってできたとみることもできる。この初爻と四爻によって、上を損して下を益す、という意味が出るのである。

「損」あるいは「益」という卦の名は、下の卦からみて名が付けられている。

䷨損の卦の時、すなわち、下を損して上を益すことは、一見したところ、上の者が益を得るように思えるが、結局は、上の損になるのである。それは、下の民が困窮するようになれば、上の者も衰えてしまうからである。

反対に、䷩益の卦の時、すなわち、上を損して下を益す時には、一見したところ、上の者が衰えてしまうように見えるけれど、結局は、上の者の益となるのである。下の者が豊かであれば、上の者も、安泰になるからである。

䷪ 沢天夬（たくてんかい）

益而不已必決。故受之以夬。夬者決也。

益（えき）して已（や）まざれば必ず決（けっ）す。故に之を受くるに夬（かい）を以てす。夬（かい）とは決（けっ）するなり。

＊決……川の水が堤を切って流れ出ること。
＊夬……決壊・決裂すること。

（いつまでも益して増しふえていくならば、必ず裂け破れてしまうものである。だから、益の卦の次には、䷪夬の卦が置かれている。夬とは、裂け破れることである。）

「夬（かい）」とは、裂き破ることである。

上爻の陰爻の立場からみれば、下の五つの陽爻に裂け破られるのである。反対に、下の陽爻の立場からいえば、上に一つだけ残っている陰爻を、決し去るのである。

経文では、陽爻の君子が、陰爻の小人を決し去ることとして、辞が付けられている。陽爻の立場から、辞を付けてあるのである。

一つの陰爻を、五つの陽爻が決し去ろうとするのだが、この陰爻は、最も上位に居り、また最も五爻の天子の近くにいて、天子と親しんでいる。これを決し去るのはなかなか難しく、容易なことではない。

卦の象では、上の卦は☱兌の沢であり、下の卦は☰乾の天である。沢の水が、天の上にある。☱兌の沢水が高い所に上り過ぎているので、今にも決壊して溢れ出ようとしている形である。団体やグループでも、それがあまりに大きくなりすぎると、それは自然に内部から崩壊するようになる。またあるものに、あまりに多くを詰めすぎると、そのものは破れてしまい、中のものは漏れてしまう。大変危険な状態である。

一年の陰陽の盛衰でいえば、この卦は、旧暦三月（今の四月）に当たる。

䷫ 天風姤（てんぷうこう）

決必有所遇。故受之以姤。姤者遇也。

決（けっ）すれば必ず遇（あ）う所有り。故に之を受くるに姤（こう）を以てす。姤（こう）とは遇（あ）うなり。
＊姤……思いがけなく遇うこと。
（裂け破れた者は、必ず、またどこかで遇って合同するものである。だから、夬の卦の次には、䷫姤の卦が置かれている。姤とは、遇うということである。）

「姤（こう）」とは、思いがけなく遇うことをいう。

この卦では、陰と陽とが思いがけなく出遇うことである。

卦の象では、上の卦は☰乾の天であり、男である。下の卦は☴巽の風であり、長女つまり年長の女である。この卦は、天の下に風が吹いている、つまり地の上を風が吹いている形である。

また、陽爻を君子とし、陰爻を小人とすれば、䷀乾の君子ばかりで小人のいない世に、忽然として小人が出現したのである。この小人は、次第に勢力を伸ばして、君子の勢力を浸食していく勢いにある。この卦は、こういう世、こういう時代に処する道を説いている。

また、陽爻の男ばかりの所へ、忽然として初爻の陰爻の女が現れた、という状況でもある。この陰爻の女は、上の五陽爻の男に取り入って、次第に勢力を伸ばし、さまざまな悪影響をもたらすのである。人間関係の中においては、このようにみることもできる。

一年の陰陽の盛衰では、この卦は、旧暦の五月（今の六月）に当たる。卦の最も下に一陰が生じたのであり、それは甚だ微弱なものではあるけれど、陰の気は、ここから始まるのである。外見は盛んなようにみえても、その内実においては、衰えの兆しがすでに発生した時である。

䷬ 沢地萃（たくちすい）

物相遇而後聚。故受之以萃。萃者聚也。

物相い遇いて而して後に聚まる。故に之を受くるに萃を以てす。萃とは聚まるなり。

＊萃……草が叢生するように集まること。

（物事は、相遇って、その後に聚まるようになるものである。だから、姤の卦の次には、䷬萃の卦が置かれている。萃とは、聚まるということである。）

「萃（すい）」とは、人や物がたくさん集まっていることである。萃の字は、草が聚まり茂っていること。転じて人や物が集まる意にとる。この卦は、人や物がたくさん集まるについて説いている。卦の象は、上の卦は☱兌の沢であり、下の卦は☷坤の地である。地の上に沢の凹地があり、その中に水がたくさん集まっている形である。

ところで、この卦は、五爻と四爻の二つの陽爻が、上下の四つの陰爻を集めている。この卦と似ている卦に、䷇比という卦がある。䷇比の卦は、五爻の陽爻が上下の陰爻を統括しており、陰爻の集まってくる所は一カ所である。それに対してこの䷬萃は、五爻と四爻の二つの陽爻が、上下の陰爻を統括している。陰爻の集まってくる所が、二カ所に分かれているのである。五爻の天子と四爻の宰相とに、権力が二分してしまっている。これが、この卦の大きな欠点である。天子は、実力はあるけれど、国民は宰相を慕っており、宰相に心服している。宰相を通じて天子に服従しているのである。

地風升（ちふうしょう）

聚而上者謂之升。故受之以升。
聚（あつ）まりて上（のぼ）る者（もの）は、之（これ）を升（しょう）と謂（い）う。故に之を受くるに升（しょう）を以てす。

＊升……上の方へのぼっていくこと。

（聚まって勢いが盛んになり、やがて上の方へのぼって行くことを、升というのである。だから、萃の卦の次には、升の卦が置かれている。）

「升（しょう）」とは、進み上ることである。

卦の象は、上の卦は坤の土である。下の卦は巽の木であり、ここでは草木の種とする。地の下に巽の木、つまり種子があり、この種が地から養分を取って成長し、そして地表に出て、高く伸び進んでいくのである。ここから、この卦を「升」と名付けた。

升は、地中の木、つまり、地の中に蒔かれた木の種子である。そしてその内卦の巽の種子が地の上に伸び出てくると、卦は観となる。「観」は下から仰ぎ見る象であり、地の上にそびえ立つ木である。

卦の形からいうならば、二爻、三爻を木の幹とし、初爻を木の根とみる。この木の根と幹が次第に成長して、やがて地を穿（うがっ）て地上に伸び出て、高くそびえ立っていくのである。この木は、初爻の根があるために、成長することができる。だからこの初爻の陰爻は重要な爻であり、これを卦が成り立つ上での主爻、成卦の主爻とする。

䷮ 沢水困

升而不已必困。故受之以困。
升りて已まざれば必ず困しむ。故に之を受くるに困を以てす。
　＊已……やむ。止む。
　＊困……くるしむ。困窮すること。
（のぼることだけを知って、止むことを知らなければ、必ず行き詰まって困窮することになる。だから、升の卦の次には、䷮困の卦が置かれている。）

「困」は、困窮することをいう。行き詰まってしまって、押し切って進む力がなく、苦しみ悩むことである。

困の字は、木が囲いの中にある形である。この木は、ある程度までしか伸びられない。この卦は、困難である時に対処する道を説いている。

卦の象は、上の卦は☱兌の沢であり、下の卦は☵坎の水である。水が沢の下にある形。つまり、沢の中には水がなく、水は沢の下に潜り込んでしまったのである。涸れた沢である。沢が沢の機能を失っている。あるべき物が、あるべき所にないことの苦しみである。

また、二爻の陽爻は、初爻と三爻の陰爻に覆われており、四爻と五爻の陽爻は、三爻と上爻の陰爻に覆われている。三つの陽爻は、陰爻に覆われていて、自由に進むことができず、困窮しているのである。彖伝に「困は、剛揜(おお)わるるなり」とあるのは、このことである。

人事に当ててみれば、君子が小人のために覆われて困窮している時である。君子の勢力が困窮すれば、世の中が大いに乱れてしまうが、しかしそれでは、小人も利益にはならず、結局、自身も困窮するようになる。実際、小人の困窮することの方が、君子が困窮することよりも、その度合いは一層甚だしいのである。

六十四卦の中には、四つの「難卦(なんか)」がある。困の卦は、その一つである。

䷂屯……創業の苦しみ。

䷜坎……穴の中に陥った苦しみ。

䷦蹇……前方に険難があって進むことができない苦しみ。

䷮困……あるべき物が、あるべき所にないことの苦しみ。

䷯ 水風井

困乎上者必反下。故受之以井。

上に困しむ者は必ず下に反る。故に之を受くるに井を以てす。

＊反る……かえる。

＊井……井戸のこと。

（上に上り過ぎて困窮している者は、必ず下へ引き返して来るものである。だから、困の卦の次には、井戸の卦である䷯井の卦が置かれている。）

「井」とは、井戸のことである。

卦の象では、上の卦は☵坎の水であり、下の卦は☴巽の木である。樹木の高い所に、水がある形である。樹木は、低い地中にある水を、高い枝葉の先にまで汲み上げるのである。このことから、この卦を、低い所から水を汲み上げる、井戸の象とする。

井戸のはたらきは、人を養うことであり、それは窮まって尽きてしまうことがない。人の才能も同様である。いくら用いても、それは尽きてしまうことがない。

しかし、いくら優れている才能であっても、それが用いられることがなければ、何にもならない。この卦は、この井戸の水が用いられることについての道を説いている。

「序卦伝」では、困の卦の後に、この井の卦がある理由を、困窮した時の対処法として説明している。困窮した時は、自分の身をなるべく低い所に引き下げることだ。例えば、沢に水がなくて、沢が涸れてしまっても、その下を掘れば、水は湧いてくるようなもの。低い地中の井戸の底には、無尽蔵の水があるではないか、と。ここで言っている「低い所」とは、根本に反（かえ）ることをいう。最も基礎となる理念・方針に反って考えてみる。あるいは、初心に立ち返ることと考えることもできるであろう。

䷰ 沢火革（たくかかく）

井道不可不革。故受之以革。
井道（せいどう）は革（あらた）めざるべからざるなり。故に之を受くるに革（かく）を以てす。

＊革……あらためる。

（井戸を治めるには、井戸さらえをし、水を革（あらた）めて清潔を保たなければならない。だから、井の卦の次には、䷰革の卦が置かれている。）

「革（かく）」とは、変革することをいう。

革の字は、毛を除き去った獣の皮のことである。獣皮から毛を取ってしまうと、全く違った物になる。そこから転じて変革の意に用いる。

「雑卦伝」では、「革は故(ふる)きを去るなり」といっている。国の制度なども、長い間にはいろいろな弊害が出てくる。そのような時には、思い切った大改革をして、故くなって、もはやその時代に適さなくなったものは、捨て去っていかなければならない。この卦は、大改革、革命を行なうことについての道を説いている。

卦の象は、上の卦は☱兌の沢水であり、下の卦は☲離の火である。沢水は、火に熱せられると熱湯となり、更に熱していると蒸発して気体になってしまう。変化して、全く違った物に変わってしまうのだ。あるいは、離火に沢水をかけると、その火は消えてしまう。これもまた、変じて全く別の物になってしまったのである。

ところで、最も大きな変革は、天命が革まることである。『易経』の六十四卦には、改革を行なうという卦が、三つある。

䷸巽……天下に号令をして改革する。（最も軽い）
䷑蠱……先代の弊害を是正する。
䷰革……天命が革まる。革命。（最も激しい）

この三つの卦の中で、革の卦は、最も変革の激しいものである。

䷱ 火風鼎（かふうてい）

革物者莫若鼎。故受之以鼎。

物を革（あらた）むる者は鼎（かなえ）にしくはなし。故に之を受くるに鼎（てい）を以てす。

＊莫若……しくはなし、とよむ。及ぶ者はない、との意。

＊鼎……かなえ。食物を煮炊きする器。祭祀に用いる。

（物の状態を変えるには、鼎に及ぶ者はない。だから、革の卦の次には、䷱鼎の卦が置かれている。）

「鼎（てい）」とは、物を煮炊きする器のことである。

天子が、天地の神や宗廟のお祭りを行なう時に用いる器物である。天子は、天地や宗廟の祭りを行なって、天下を養う。ここから、この卦に、養うという意味が出てくる。

井戸の卦である䷯井は、その水によって人々を養うのだが、この䷱鼎は、火によって養う。天地の神や宗廟の祭を行ない、天下の賢人を養うのである。それによって政（まつりごと）がうまく行なわれて、万民が養われる。

「序卦伝」では、鼎（かなえ）に物を入れて煮れば、その物は変化して食べられるようになる。鼎ほど物を変えることのできるものはない。だから「革」の卦の後に「鼎」の卦があるのだ、と述べている。

卦の象は、この卦の形が、ちょうど鼎の形になっている。初六は足、二三四爻は鼎の腹、五爻は鼎の耳、上爻は鼎の鉉である。また、上の卦は☲離で火、下の卦は☴巽で木、巽の木の上に火があって、盛んに燃えている形である。この火に鼎をかけて煮炊きをすると、中の物は変化して、食べられるようになる。そこで、この鼎の卦に、新しくなるという意味が出てくる。

前の「革」の卦では、故い物を捨て去る、という意味があり、この「鼎」の卦は、新しい物を作りあげる、という意味がある。「雑卦伝」に、「革は故きを去るなり。鼎は新しきを取るなり。」とあるのがそれである。

䷲ 震為雷

主器者莫若長子。故受之以震。震者動也。

器を主る者は、長子にしくはなし。故に之を受くるに震を以てす。震とは動くなり。


*震……ものを震わすことをいう。ここから、すべて動くことをいう。

*器を主る者……天を祀るための神器である、鼎を取り扱う者をいう。


(天を祀るための大切な宝物である鼎を取り扱う者は、天子の長子である皇太子以上の適任者はいない。だから、鼎の卦の次には、䷲震の卦が置かれている。震とは、活発に動き活動するということである。）

「震（しん）」とは、雷であり、激しく動くことを象徴する。

☳震の卦は、下にある陽爻が、上の二つの陰爻を突き破って進もうとするのであり、この下において奮い動いていることを、雷の象とする。この卦は、非常に激しい勢いで活動する場合についての道を説いている。

卦の象は、上の卦は☳震の雷、下の卦も☳震の雷である。雷が二つ重なっている。それは、特に激しく活動している場合をあらわしている。一個人でも、国や団体などでも、盛んに激しく活動している状態は、この卦の時に当っている。

そのような時に対処するには、次の二つのことが大切である。

第一には、戒めて恐れ慎むこと。その気持が重要である。

第二には、どのような事態が起こっても、それに恐怖して気持が動転しないこと。冷静に落ち着いて事を処置することが重要である。

「序卦伝」では、「革」の次に「鼎」があり、その次に「震」が置かれていることを、皇太子が、天子の象徴である鼎を相続すること、として述べている。

䷰革……弊害が起こってきたので、大改革、革命を行なった。

䷱鼎……前の王朝を倒して、新しい天子が位についた。

䷲震……皇太子がこれを相続する。

䷳ 艮為山(ごんいさん)

物不可以終動。止之。故受之以艮。艮者止也。

物は以て動くに終るべからず。之に止(とど)まる。故に之を受くるに艮(ごん)を以てす。艮(ごん)とは止まるなり。

(物事は、いつまでも動いて活動するだけで、終わってしまうことはできない。必ずどこかに止まるものである。だから、動くという震の卦の次には、䷳艮の卦が置かれている。艮とは、止まるということである。)


「艮(ごん)」とは、止まるという意である。

☶艮は、山を象っている。山はどっしりしていて動かない。不動なものの象徴である。そこから、止まるという意が出てくる。

卦の形でいえば、☳震の卦において一番下に生じた陽爻が、一つ上に進んで☵坎となり、更に進んで☶艮となった。ここまで来ると、もうこれ以上は進むところがない。ここで止まるのである。

この卦は、止まるということについての道を説いている。

物事は、いつまでも活動することが続くというものではない。必ず休息することが必要である。一日では、昼間は活動し、夜になると休息する。人間の一生でも、若い時期には盛んに動いて活動し、年老いれば、活動を止（とめ）て休息するようになる。

卦の象は、上の卦は☶艮の山であり、止まるという意味である。下の卦もまた☶艮の山であり、山が二つ重なっている。一山越えても、その先に更に山があるのである。

䷴ 風山漸（ふうざんぜん）

物不可以終止。故受之以漸。漸者進也。

物は以て止（とど）まるに終るべからず。故に之を受くるに漸（ぜん）を以てす。漸（ぜん）とは進むなり。
＊漸……少しずつ進むこと。漸進すること。
（物事は、いつまでも止まっているだけで、終わってしまうことはできない。だから、艮の卦の次には、䷴漸の卦が置かれている。漸とは、進むということである。）

「漸（ぜん）」とは、少しずつ進むことである。この卦は、少しずつ進むことについての道を説く。

卦の象は、上の卦は☴巽の風であり、樹木である。下の卦は☶艮の山である。この卦は、山の上に木が生えている形をしている。山の木は、急には成長しないが、着実に伸び進み、やがてはそびえ立つ大木になる。伸び進む速さは非常にゆっくりであり、だがしかし、着実であって確かである。ここから漸、すなわち、少しずつ進む意が出てくる。

ところで、六十四卦の中には、進むという意味の卦が三種ある。

䷢晋……日が地上に上り進む。

䷭升……地中に蒔かれた種が成長して伸び進む。

䷴漸……山の上に生えている樹木が少しずつ伸びる。

進むことの勢いは「晋」が一番。次が「升」その次が「漸」である。

䷵ 雷沢帰妹（らいたくきまい）

進必有所歸。故受之以歸妹。

進めば必ず帰（き）する所有り。故に之を受くるに歸妹（きまい）を以てす。

＊帰する……落ちつくべき所に落ちつくこと。

＊帰妹……帰は、女が嫁ぐこと。妹は、若い女。

（漸次に進んでゆけば、必ず落ちつくべき所に落ちつくものである。だから、漸の卦の次には、䷵帰妹の卦が置かれている。）

「帰妹（きまい）」とは、若い女が嫁ぐ意。この卦は、女が嫁ぐことについての道を説いている。経文では「帰妹は、征けば凶なり。利（よろ）しき攸（ところ）无（な）し」と、大変悪い辞が付けられている。これは、嫁ぐについての、その仕方がまずいのであって、嫁ぐということ自体がよくないと言っているのではない。彖伝ではこのことを解説して、「帰妹は、天地の大義なり」と言っている。つまり、女が嫁ぐことは、天地の間に行なわれている大いなる正しい道であるといい、それは、天の気と地の気が交わらなければ、万物は生成発展することができないのだから、と述べている。

卦の象は、上の卦は☳震、人では年長の男に当たり、性質では動くという意味である。下の卦は☱兌、人では年少の娘に当たり、性質では悦ぶという意味である。☱兌の少女が、☳震の長男を見て、悦んで動くのである。悦んで有頂天になって動きまわるのであり、淫奔な性質の女の象である。卦に悪い辞が付けられているのは、このようであるからである。

「説びて（☱）以て動く（☳）」ということが、この卦の性質である。ここからこの卦の欠点が出てくる。

また、この帰妹の卦は、二爻から上爻まで、すべてその位が正しくない。これも、この卦の欠点の一つである。

ところで、六十四卦の中には、男女の結婚の問題を説いた卦が四つある。

䷞咸……悦びはするが、有頂天にはならない。

䷟恒……既に結婚した夫婦の卦。

䷴漸……男が女に下って、正しい道に従い、礼の順序を踏んで結婚を求める。

䷵帰妹…悦んで有頂天になって動きまわる。

䷶　雷火豊（らいかほう）

得其所帰者必大。故受之以豊。豊者大也。

其の帰（き）する所を得る者は、必ず大（だい）なり。故に之を受くるに豊（ほう）を以てす。豊（ほう）とは大なるなり。

＊帰する……ある一つのところに落ち着くこと。
＊豊……盛んにして大きいこと。

（その落ちつくべき所を得た者は、必ず盛んになり大きくなるものである。だから、帰妹の卦の次には、䷶豊の卦が置かれている。豊とは、大きいということである。）


「豊（ほう）」とは、大きく盛んなこと。物が豊富で盛んである意。

豊の字は、神さまを祭る時に、豆（たかつき）の上にお供物を、ちょうど山の上に木がたくさん繋っているように、盛り上げてお供えする形である。

この卦は、物が盛んである時に対処する道を説いている。

卦の象は、上の卦は☳震であり、その性質は、動く、活動するということ、下の卦は☲離であり、その性質は、明らかであることである。「明以動（明もって動く）」という、象伝のこの三字が最も重要である。

物の道理をよく見極める知恵（☲）があっても、止まっていて動かなければ、大きく盛んになることはできない。かといって、動いてばかりいても、物事の状態を見極める知恵がなければ、盛んになることはできない。

明察する知恵（☲）があり、うまく活動する（☳）ことによって、物事は大きく盛んになることができるのである。この卦は、明察する知恵（☲）と、盛んな活動力（☳）とを備えている。「豊の時」つまり、盛んであることが頂点に達した後は、次第に衰えていくものである。このことをよく知って、十分に警戒し、そして注意することが、「大きく盛ん」になった時に対処する道である。

この卦の初爻から上爻までの、六爻の言葉は、盛んな状態から次第に衰えていく状態を説いている。「豊」と名付けられた、「大きく盛ん」という意味の卦であるにもかかわらず、初爻から上爻までの六爻には、暗くてよくない辞が付けられているのは、このためである。

䷷ 火山旅

窮大者必失其居。故受之以旅。

大を窮むる者は必ず其の居を失う。故に之を受くるに旅を以てす。

＊居……自分のいる所。

＊旅……自分のいる所を失って、流浪することをいう。

（盛んになって、大きくなることを窮めた者は、必ず、そのいるべき所を失ってしまうようなことになるものである。だから、豊の卦の次には、䷷旅の卦が置かれている。）

「旅」とは、旅をすることである。

この卦は、自分の本拠とする所を去って、他国へ放浪し、一時その所に身をよせることについて説くのである。

卦の象は、上の卦は、☲離の火であり、下の卦は、☶艮の山である。山の上に火が燃えている形である。

これを山火事とみる。山は動かないけれども、火は燃えながら移っていく。

また、この卦を野営の火とみることもできる。旅人が、山の上で火を燃やしている。山は動かないが、野営の火は、旅人が旅をして動くにつれて、一緒に移り動いて行く。

動かない山を旅館にたとえ、火を旅人にたとえることもできる。旅館から次の旅館へ、旅人が移り動いて行くのである。これらは、皆な旅行の卦の象である。
人が生きてゆく過程を、旅にたとえることもできる。そのように考えれば、この卦の示している意味は、とてつもなく大きなものになる。

䷸ 巽為風

旅而無所容。故受之以巽。巽者入也。
旅にして容るる所無し。故に之を受くるに巽を以てす。巽とは入るなり。

*容るる所……わが身を受け入れてもらえる所をいう。
*巽……柔順にして人にへりくだること。

（自分のいるべき所を失って、流浪するようになれば、どこにも、わが身を受け入れてくれる所がないのである。そこで、人にへりくだって、柔順な態度を示さなければならない。だから、旅の卦の次には、䷸巽の卦が置かれている。巽とは、入るということである。）

「巽」は、風の象である。その性質は、どこにでも伏して入っていく、ということから、へりくだって柔順である。

この卦は、人にへりくだって順(したが)っていく、ということについての道を説いている。

この巽順ということは、下の者が上の者に順うことばかりをいうのではない。上の者も、下の者の感情や考えを尊重して、それに順わねばならない。また、物事の正しい道理に順わねばならない。また、時代や環境や自分の置かれた立場に順わねばならない。

卦の象では、☴巽は、一陰が二陽の下に伏して入っている形である。これは、人にへりくだり、人の心の中に入りこむ性質をあらわしている。そしてこの卦は、風が二つ重なっている。へりくだって、更にまたへりくだることをあらわしている。

☴巽は、命令の象でもある。「大象伝」には「君子以て命を申(かさ)ね事を行なう。」と述べている。風がどこまでも吹いていくように、上からの命令も、天下のすみずみまで、風の如くゆきわたるのである。今日の世の中においては、情報が世の中のすみずみまで知れわたることに当たる。

䷹ 兌為沢(だいたく)

入而後説之。故受之以兌。兌者説也。

入(い)りて後に之を説(よろこ)ぶ。故に之を受くるに兌(だ)を以てす。兌(だ)とは説(よろこ)ぶなり。

＊兌……よろこぶこと。
＊説ぶ……よろこぶ。和悦すること。

（そのいるべき所を失った人が、他人の所へ入っていくことができて受け入れられるようになれば、これを喜ぶのである。だから、巽の卦の次には、䷹兌の卦が置かれている。兌は、悦ぶことである。）

「兌（だ）」は、沢の象である。その性質は、悦ぶということ。

この卦は、一陰が二陽の上にあって悦んでいる、という形である。三画の卦の全体の形が、口を開けて笑って、悦んでいる形でもある。

また、沢の水は草木を潤し、草木はそれによって成長して悦んでいる。この卦は、悦ぶということについての道を説いている。

「序卦伝」では、こちらが相手の内側に深く入り、相手もまたこちらの心の中に入って、互いに理解するようになれば、共に悦ぶようになる、と説いている。

卦の象は、☱兌の沢が二つ重なっている。

「大象伝」では「麗沢（れいたく）は、兌なり。君子以て朋友講習す」と述べている。「沢が二つ並んでいて、互いに潤しあっているのが、兌の卦の象である。君子はこの卦象を観てこれを手本にし、友達同志で一緒に学問を研究し、互いに教えあって、相互に潤しあいながら、向上するようにするのである」というのである。このように見ることもできる。

䷺ 風水渙(ふうすいかん)

説而後散之。故受之以渙。渙者離也。

説(よろこ)びて後に之を散(ち)らす。故に之を受くるに渙(かん)を以てす。渙(かん)とは離(はな)るるなり。

＊渙……散る。離散すること。

(大いに悦べば、気持も緩むようになり、物事は散乱するようになる。だから、兌の卦の次には、䷺渙の卦が置かれてある。渙とは、離れるということである。)

「渙(かん)」は、人や物が離れ散ること。散る、散らすことをいう。

この卦は、人や物が離れ散る場合に、処する道を説いている。

卦の象は、上の卦は☴巽の風、下の卦は☵坎の水であり、悩みであり、困難である。風が、水の上を吹いており、その風に水が吹き散らされている。ここから、離れ散ずるという意が出てくる。

この卦は、よい意味にも、悪い意味にも解釈することができる。要するに、何を散らすのか、その散ずるものによって、よい意味にも、悪い意味にもなるのである。

人心が離散して、集団のまとまりがつかなくなる。個人の場合では、心が乱れて統一されない状態になった。これ等は、よいものが散らされてしまったのであり、悪い意味の渙である。䷜坎の苦労が散ってなくなった状態、あるいは、心の中の悩みが散ってなくなった。これ等は、悪いものが散らされたのであり、その結果、よい状態になったのである。これは、よい意味の渙である。

このように、卦の吉凶禍福は一定していない。離れ散ずるものが何であるのか、これを見極めることが重要である。

䷻ 水沢節(すいたくせつ)

物不可以終離。故受之以節。

物は以て離(はな)るるに終るべからず。故に之を受くるに節(せつ)を以てす。

＊節……越えてはならないところを守って、そこに止まること。

(物事は、離散することがいつまでも続くことはないものである。必ず引き締めるようになる。だから、渙の卦の次には、䷻節の卦が置かれている。)

「節(せつ)」とは、くぎりがあって、それを守って、そこに止まっていること。

節という字は、くぎりになっている竹のふしのこと。そこから、くぎり・けじめの意が出てくる。越えてはいけない一定の規則があって、それを守って止まっていることが節である。節度、節制、節約、貞節、節操、調節などの言葉がある。

　卦の象は、上の卦は、☵坎の水である。下の卦は、☱兌の沢である。この卦は、沢に水が蓄えられている形である。☱兌の窪みに水が溜まっている。その水は、一定の量を過ぎると、溢れて流れてしまう。水を貯めておくのには限度があるのである。これが節の象である。

　沢に水がない卦は、䷮困の卦である。水は沢の下に漏れてしまって、沢は涸沢（かれさわ）になっている。あるべき所にあるべきものがない、という苦しみの卦である。この二つの卦を対照してみれば、それぞれに卦の意味がよくわかる。

　またこの卦は、内卦の☱兌は、悦ぶという性質があり、外卦の☵坎は、困難という意味がある。自分から悦んで困難な道を行くということである。悦んで守ることのできるものでなければ、結局は長続きしないものである。あまりに苦行をともなうものや、守ることが困難な規則は、この卦でいうところの「節」ではない。

　卦の辞に、「苦節不可貞（節に苦しむは貞（ただ）しとす可からず）」とある。その意味は「あまりにも厳格で度を過ぎており、守ることが難しい規則や節度を、正しいとして固守してはならない」ということである。この「節」の卦に、☱兌の悦ぶ卦があることの意味を、よく味わっていただきたい。

䷼ 風沢中孚

節而信之。故受之以中孚。

節して之を信ず。故に之を受くるに中孚を以てす。

＊中孚……内に誠実な真心があって、人を感動させること。「中」は、心のなか。あるいは物事の内部。「孚」は、まこと。まごころ。

（物事に節度がある時には、人はこれを信用するようになる。だから、節の卦の次には、䷼中孚の卦が置かれている。）

「中孚」とは、まこと、という意味である。

この「中」というのは、心の中、物事の内部をいう。ここでは、心の中がまことである、という意味になる。

「孚」の字は、親鳥が爪の下に子である卵を抱えている形である。親鳥が卵を温めている真心が通じて、卵の中の生命が孵化してひよこになる。

卦の形は、卵の形をしている。卦の真ん中の三爻と四爻が黄身であり、二爻と五爻が白身であり、初爻と上爻が卵の殻に当たる。

この卦は、心の中に「まごころ」を持っているので、それが自然に人を感動させ、人が心服するようになることについて説いている。

この卦は、上の卦は☴巽であって、へりくだって柔順であり、下の卦は☱兌であって、悦びをもって上の卦に向かっている。上下の卦が、互いに向き合ってよく和合しているのである。

また一卦全体では、䷼中孚の三爻と四爻が陰爻であり、空虚であり、大きな☲離の卦の形である。この形は、卦の真ん中が空虚であり、それは心の中にいささかも私心がないことをあらわしている。これも「誠」の象である。

䷽ 雷山小過（らいざんしょうか）

有其信者必行之。故受之以小過。

其の信（しん）有る者は必ず之を行（おこな）う。故に之を受くるに小過（しょうか）を以てす。

＊小過……小なるもの、すなわち陰が過ぎていること。ここから、少し過ぎているという意味にとる。

（人に信用がある者は、必ず人より過ぎた事業を行なうものである。だから、中孚の卦の次には、䷽小過の卦が置かれている。）

「小過（しょうか）」とは、小なるものが過ぎていること。

この卦は、小なるもの、陰が過ぎていて勢力をもっており、そのような場合に、どのようにすべきかを説いている。

卦の六爻では、陰を小、陽を大とすると、この卦は陽爻が二つ陰爻が四つで、小である陰爻が過ぎている。これは小過の象である。上経に䷛大過という卦があるが、これは大である陽爻が過ぎている。いわゆる大過の象である。

この卦は、飛んでいる鳥の形をしている。卦の真ん中の三爻と四爻の陽爻が鳥の胴体であり、初爻・二爻・五爻・上爻の四つの陰爻が鳥の翼に当たる。さて、鳥が空を上っていくことには限界がある。この卦は、小さな鳥が、空高く上り過ぎてしまった象である。

また、一卦全体としてみれば、大きな☵坎の形である。☵坎には、陥るという意がある。今、三爻四爻の二つの陽爻が、初爻・二爻・五爻・上爻の四つの陰爻に陥っている。

「序卦伝」では、この「過ぎる」ということを、「抜きん出ている」というような意味に解している。そして、この卦の次に「既済」の卦を置いて、「物事に過ぎた行いをする者は、必ずその事が成就するものである」と説いている。「過ぎる」ということは、「中（ちゅう）」を過ぎてしまってあまりよくない、という意に取ることが一般的であるが、この「序卦伝」の見方は、「過」ということをよい意味に用いている。これも、一つの解釈である。

䷾ 水火既済（すいかきせい）

有過物者必濟。故受之以既濟。
物に過（す）ぐること有る者は必ず済（な）る。故に之を受くるに既濟（きせい）を以てす。

＊済る……成就すること。
＊既済……事の既に成就していること。

（物事に過ぎた行いをする者は、必ずその事が成就するものである。だから、小過の卦の次には、䷾既済の卦が置かれている。）

「既済（きせい）」とは、事が既に成就していることをいう。

「済」の字は、水を渡るという意味である。そこから転じて、事が成就したことをいう。この卦は、すでに事が成就して、完成してしまった場合に処する道を説いている。

卦の象は、上の卦は☵坎の水であり、下の卦は☲離の火である。火が下にあって、上の水を熱している。このようにすれば、食べ物はうまく煮ることができて、料理ができあがる。つまり、既済の象である。

また、初爻から上爻までの六爻は、皆陰陽の位が正しい。すべての爻が、本来の位置にいる。

皆な完成しているのである。これも既済の象である。

ただ、この卦は六爻が全て正しく位を得ているので、これ以上の活動の余地がない。この既済の卦は、事がすべて成就してしまったので、これ以上、更に伸びていくという力は、多くないのである。

物事は、盛んになれば必ず衰えるというのが、道理である。既に全て完成してしまった状態では、その現状をできるだけ長く延ばして維持し続けることを心掛けるべきである。そのようにすること以外に、方法はない。事を控え目にして、あまり活発な動きをせず、正しい道を固く守っていくことが大切である。

䷿ 火水未済（かすいびせい）

物不可窮也。故受之以未濟終焉。

物は窮（きわ）まるべからざるなり。故に之を受くるに未濟（びせい）を以てして終わるなり。

＊窮まる……これが最後というところまでくること。
＊未済……事のいまだ成就しないこと。

（物事は、これが最後というところまで到達することはないものである。必ず不備なところが出てきて、完成には達しない。だから、既済の卦の次には、䷿未済の卦が置かれてあるのであり、この未済の卦を以て、易の六十四卦が終わるのである。）

「未済（びせい）」とは、事がいまだ完成していないことをいう。

この卦は、事がいまだ成就していない場合に、どう対処するかを説くのである。

「序卦伝」では、完璧に完成するということは、永久にないことを述べている。いったん成就したかに見えることも、必ずいろいろな不備が出てきて、そこに弊害が生ずるのである。だから『易経』では、未完成の卦䷿未済を、六十四卦の最後に置くのである。

卦の象は、上の卦は☲離の火であり、下の卦は☵坎の水である。これでは、上にある火は消えてしまう。未済の象である。

また、火は上へ上り、水は下へ下る。この両者はその進む方向が反対であって、共に相交わることがなく、そのはたらきを遂げることができない。これも、未済の象である。更にまた、この卦は、初爻から上爻までの六爻の全ての爻が、陰陽の位が正しくない。本来のあるべき位置にないのである。これもまた、未済の象である。

䷾既済は、「初めは吉にして、終には乱る」と卦辞に述べている。すでに完成しているのであるから、現在のこの状態が吉なのだ。その後は、どちらへ動いても、次第に衰退に向かうだけである。だから、今のこの状態を、できるだけ長く維持していくよう、心がけるほかはない。

䷿未済は、今は何も成就していないのだから、この状況をうまく打開してゆけば、今よりも悪くなることはなく、次第に好転していくのである。初めのうちは事がうまくいっていなくても、後には、だんだんにできあがってくるようになる。

易の六十四卦の最後を、䷿未済の未完成の卦で締めくくったことに、易の作者の深慮を感ずるのである。ここで卦は復(ま)た最初の䷀乾に復(かえ)って、新たな変化の道が始まるのであり、窮まってしまうことがないのである。

3

易の用い方

1　四つの易の用い方

易は、実際にどのように用いられ、その応用の方法には、どのようなものがあるのだろうか。「周易繫辞伝」には、易を用いる四つの方法が説かれている。それは、次の文章である。

易有聖人之道四焉。
以言者尚其辭、
以動者尚其變、
以制器者尚其象、
以卜筮者尚其占。

易に聖人の道四つ有り。
以て言う者は其の辞を尚(たっと)び、
以て動く者は其の変を尚び、
以て器を制する者は其の象を尚び、
以て卜筮(ぼくぜい)する者は其の占を尚ぶ。

（「繫辞上伝　第十章」より）

ここにいう易とは、易の書を指す。

易の書の中には、聖人が易を用いる四つの方法が示されている。

易を用いて、何かあることについて発言しようとする者は、易の卦の辞・爻の辞を尊び、それを手本としてものを言うのである。自分がものを言う場合には、易の卦の辞や爻の辞を、その根拠にして言うのである。

易の道を用いて、行動して事を行なおうとする者は、易の六十四卦・三百八十四爻の変化の状態を尊び、その変化する状態を手本として動くのである。

易を用いて、物を制作する者は、易の卦の象を尊び、それに象(かたど)って制作するのである。物を作り出そうとする時には、易の卦の象っているものを観察して、それをヒントにして、物を創造するのである。

易の道を用いて占いをする者は、易の書物に書かれてある占辞を尊び、それによって未来の吉凶禍福を占うのである。

ここに説かれている四つの方法とは、自分の考え・意見を発言する場合には、易の「辞」を、自分が行動しようとする時には、易の「変」を、物を創造しようとする場合には、易の「象」を、決し難いことを決断しようとする時には、易の「占」を、それぞれ用いて応用することをいうのである。

一　辞を尚ぶ

『易経』の卦・爻の辞には、簡潔で含蓄のある辞がたくさんある。

明治の大実業家であった渋沢栄一氏は、その著書『論語講義』の中で、幕末に国事に奔走するようになった頃のことを思い返して、次のように述べている。

> 父は読書家という程ではなかったが、四書や五経は十分に読め、傍ら俳諧なども致して風流気があったもので、常に相当の見識を備え、漫然と時流を追うということはなかった。随(したが)って余にも十四、五歳までは読書・習字・撃剣等の稽古をさせたが、時勢にかぶれて、武士風にばかりなっても困るからとて、家業の藍を作ったり、これを買入れたり、あるいは養蚕のことにも力を入れねばならぬと毎々申し聞かされたのである。〔中略〕
>
> 余は家業のみ勉励していられなくなり、国事に奔走せんと欲し、それとなく父に話して見たが、父は「思いその位を出でぬ」の意見で「国事を議論するばかりならば、農家も商人もこれをなして構わぬが、実際の政事向きのことは、その位にある武士に任せておくがよい」と申され余の意見には不同意であった。

「思いその位を出でぬ」とは、易の「艮」の卦の「大象伝」の辞である。また『論語』の憲問（けんもん）第十四にも、同じ辞がある。

『易経』の艮の卦の「大象伝」の文章は、次の通りである。

象曰、兼山、艮。君子以思不出其位。

象に曰く、兼ねたる山は、艮なり。君子以て思うこと其の位を出でず。

山が二つ重なってあるのが、䷳艮の卦である。君子は、この山の静止して動かず、安定している姿を手本として、物事を思うのに、自分の職分以外のことを考えず、止まるべき所に止まって、その外（ほか）のことには欲心を出さないのである。

以上がこの一句の意味するところであるが、ここで注目するのは、父が子を説得するのに、易の辞を引いて自分の考えを述べている、ということである。親が子に対して、親の権威を振りかざして、「ダメなものはだめだ！」と言い放っているのではない。聖人の書である『易経』または『論語』の、古典の辞を引用して、子に対して訓戒しているのである。これは、述べる者もそれを聴く者も、共に共通の認識がなければ成り立たない。

渋沢栄一氏の父は、富農ではあるといっても農民である。農民ではあっても、幕末の頃には、古典を自由に引用して、子に対して訓戒するだけの学識があったのである。

二　変を尚ぶ

何事か行動をして事を行なおうという場合に、その状況を易の卦に写して、その卦がどのように変化していくのかを観察し、それを手本として行動してゆけば、その行いは天の道に適って、吉であることを得るのである。

ある若者に養子の話があった。その若者から、養子に行くか、それとも自分で事業を起こした方がよいか、どちらが良策かを問われ、筮して「䷏豫の䷽小過に之く」を得て、次のように占断した。

䷏豫の卦は、☳震の男子が外へ出て行く象であるから、養子に行くことを示している。養子に行かずに自分で事業を起こすとすれば、卦においては、☳震の男子が内にいるわけだから䷗復の卦になる。

この二つを比べてみるならば、「豫」は悦び楽しむ卦であるから、当座は巧くいったとしても、之卦の䷽小過は違いに背きあう意があるところから、結局は養家を出て戻ってくることになるであろう。

これに対して自分で自立して事業を起こすならば、䷗復の卦は陽気がまだまだ微弱で、下積みの苦労が多いとみられるが、次第に陽気も長大になってゆく意があるから、辛抱する覚悟さえあれば、自営する方が結果がよい。したがって、養子に行くことは見合わせた方がよい、と。

しかしながら、この若者はこの忠告には従わずに、養子に行った。そしてその結果は、やはり先方との折り合いが悪くて、結局、戻ってきてしまったとのことであった。

ここでは、䷏豫の卦は、男子の意である☳震の卦が外卦にあるので、男子が外へ出て行く、つまり養子に行くことである、と観た。そして、その成り行きは、䷽小過への変化の中に示されている。小過の卦の形は、上の☳震の卦は上へ、下の☶艮の卦は下へと、互いに反対の方向へ向かっており、背中合わせになって背きあっている。これでは、養子に行ってうまくゆくはずがない。

では、養子に行かない状態を示す卦は何かといえば、☳震の男子が内にある状態、つまり䷗復の卦をそれに想定した。䷗復は、一陽が下に復帰してきた、という象意であり、その一陽は、次には二陽の䷒臨となり、更に三陽の䷊泰となり、順次に勢いを増していく。

この二つ、䷏豫から䷽小過への変化と、䷗復の卦の象意とを比べてみれば、養子に行くことの不可であることは、明らかである。

例をもう一つ。これは、江戸時代の話である。

周防の国のある人が、大坂に出てきて、米相場で一儲けしようと考えた。そこでその勝敗を見定めようと、自ら占筮して「䷋否の䷏豫に之く」卦を得て、その判断を眞勢中州に問うた。中州は、これに対して、次のように占断した。

本卦の䷋否は塞がって通じない意であり、また陽気が次第に損なわれていく象があるから、相場の勝敗は必ず失敗すること間違いない。

䷋否は三つ陽爻が重なっている卦であるから、恐らくは三十両の金子を持参してこれに臨むのだろうが、今、之卦は二つ陽爻が消失して䷏豫になっている。これは三十両の内の二十両を失うという凶兆である。

更にまた䷏豫は、地の上を男子が歩いてゆく象であり、虚しく本国へ歩き帰るという凶兆でもある。したがって、この投機は見合わすべきである、と。

この人は、この戒めを聞くことなく相場に手を出して、結局、占断のような損失を招いたということである。

本卦の䷋否を、塞がって通じない状況を示しているとし、将来の状態をあらわしているとした。この䷋否の卦は、塞がって通じないだけではなく、次には変じて䷓観となり、更に進めば䷖剥に変じ、遂には全部が陰の䷁坤の卦になってしまって、三つの陽爻はすべて失われる成り行きである。これだけで、もう充分に「相場で一儲けしよう」という考えは失敗に終わる、ということがわかる。

更に眞勢中州は、䷋否から䷏豫に変化する、という変化の状況を観て、損失がどの程度になるのかを、具体的に指摘している。つまり外卦の☰乾の二陽爻が消失して、☳震の一陽だけになってしまったという卦の変化を、資金の三分の二を失うこと、と観たのである。

この二つの例は、共に占筮をして卦を得、その得た卦がどのように変ずるかを観てその事の行く末をあらかじめ知り、これから行なおうとする行動について、どのようにしたらよいのかを明らかにしたものである。

この例の場合には、占筮をして卦を得たのだが、本来ならば占筮をしないで、その問題の状況を観てそこから直接卦を設け、その卦の変化の状態を観察して、その失得を知るのである。

とかく人は、自分の望みと違うことには、素直に従わないものだ。この二つの例の場合も、易が、その変化の行く末の凶であることを示したにもかかわらず、戒めを聞くことなく、失敗を招いたのである。

三　象を尚ぶ

『易経』の「繫辞下伝」には、易の卦の形、あるいはその卦の持っている性質をみて、そこから発想して、物や制度を作り出した、という記載がある。その中から、二件の記事を紹介してみよう。

斷木爲杵、掘地爲臼、臼杵之利、萬民以濟。蓋取諸小過。
木を断ちて杵と為し、地を掘て臼と為し、臼杵の利、万民以て済う。蓋し諸を小過に取る。

木を切ってきて杵とし、地を掘って臼とし、この臼と杵の発明によって、多くの人々の生活が助けられた。これは䷽小過の卦による発想であろう、との意である。

上の卦の☳震は、樹木を象徴している卦であり、性質では、動くということである。下の☶艮は、山を象徴していて土であり、その性質は不動ということである。下部が動かず、上部が動く。動かないものと動くものが組になって、一つのはたらきを成すのである。このようなことから、杵と臼を作り出したのだ、という記事である。

もう一つの例を示そう。今度は、弓矢の発明である。

弦木爲弧、剡木爲矢、弧矢之利、以威天下。蓋取諸睽。
木に弦(つる)して弧(ゆみ)と為し、木を剡(けず)りて矢と為し、弧矢(こし)の利、以て天下を威(おど)す。蓋し諸を睽(けい)に取る。

木を曲げて弦を張って弓を作り、木削って矢を作り、この弓矢を以て天下の服従しない者を威すのである。これは䷥睽の卦から思いついたことであろう。

上の卦の☲離は、兵器を象徴する。下の卦の☱兌は、傷つく意をあらわしている。そもそも䷥睽は、上の☲離は上に進み、下の☱兌は下へ下って、互いに協調することがなく、反発する、という意の卦である。二つのものが相反発することによって、一つのはたらきを成すもの、弓矢はまさにそれである。古人は、この䷥睽の卦の象を観て、その卦の性質・はたらきを手本として弓矢を発明したのだ、というのである。

杵と臼や弓矢が、本当にこのようなことから発明されたかどうか、その確かなところはともかく、卦の形やその性質、卦の意味するところが、物や制度を作り出す上で、重要なヒントになったことは、充分にあり得ることである。その創造活動の発想の基としての活用も、易の応用の重要な部分である。

四　占を尚ぶ

易の書によって占筮をし、それによって自分の進退を決断することも、易の応用の重要なことである。ここでは、南宋の大儒学者である朱子と、日本の幕末の儒学者、佐久間象山が占筮を用いた例を紹介しよう。

一一九四年、朱子は寧宗（ねいそう）の侍講（じこう）に任ぜられた。侍講とは、天子の御前で講義をする役職である。参内した朱子は、天子の御前で時局に対する考えを奏上した。潔癖な政治理念のもと、ずばずばと指摘する時局批判は、宮中に巣くっている政治勢力の反発を招いた。そのため、侍講の任を解かれて、地方へ追いやられてしまった。

一一九五年、宮中では韓侂冑（かんたくちゅう）の一派が、良識派の宰相であった趙汝愚（ちょうじょぐ）を永州に流して、完全に実権を掌握した。事態を憂えた朱子は、長文の上奏文を書き、韓侂冑等の非を暴こうとした。しかし、その文章があまりにも激烈であったので、それを公表すれば、朱子の身辺に危機が及ぶと、門人たちは心配した。そして、奏上しないようにと諫めたのである。

そこで、その可否を占によって決することにした。筮して得た卦は「遯の家人に之く」であった。

本卦　䷠遯
之卦　䷤家人

「遯」は、退き避ける意であり、隠遁する卦である。

小人の勢いが、全体からみればまだ少数派であるが、やがては君子を凌ぐ勢いにあり、君子は、もはやそれを挽回することができないことを悟って、退いて難を避けるのである。これが「遯」の卦の意である。

これを見た朱子は、黙然として引き下がり、上書の草稿を焼き捨て、官界から足を洗うことを決意した。そして以後、自ら遯翁と号したのである。まことに天晴れな「尚占（占を尚ぶ）」であり、身の処し方である。これより朱子の学は、偽学とされるようになった。

日本においては、幕末の儒学者である佐久間象山の占筮が、よく知られている。

象山は、幼少の頃から易を研鑽して、それに通じている人であった。元治元年（一八六四）三月、象山は一橋公に召されて、上洛を決意した。このことを聞いた門人の北沢正誠は、象山のもとへかけつけて、「先生は易を好んで、事を行なうに際しては、筮を執られるのを常としておりました。ところで、今回のことにつきましては、どうでしたか？」と問うたのである。これに対して象山は「易は、事に迷った時に執るものである。この度は、内外多難の国事のことで赴くのであるから、敢えて占筮をして、その吉凶を問う必要はない」と答えた。それでも師を案ずる北沢が、強いて占筮を請うたので、象山も遂に筮を執った。得た卦は、「夬の乾に之く」卦であった。

本卦　䷪夬

之卦　䷀乾

「夬」は、決する意であり、上爻にある一陰を、下の五つの陽爻が結託して決し去る、という象である。そして之卦の乾の卦は、一陰が決し去られた後の空無をあらわしている。大変に危険な状況を示しており、凶占である。

これを見た象山は「この占の凶であることは言うまでもない。しかしながら、すでに自分は、上洛することに応じたのである。この上は、充分に戒慎する外はない」と、上洛を決行した。途中、美濃の大垣で、戸田藩の家老の小原仁兵衛の邸に立ち寄った。歓談するうちに、たまたま易についての話になり、小原が今回の上洛の占を尋ねたのに対して、「䷪夬の䷀乾に之く卦」であることを告げると、小原は暗然として言葉もなかった。

上洛した象山は、七月十一日、山階宮（やましなのみや）邸に伺候した。その帰途、京都木屋町にさしかかった時、数名の浪士に襲撃され、馬上において斬殺されてしまった。

2　君子の易の用い方——平時の時・行動の時

さて、君子が易を用いる場合には、その時の状況によって、用いる仕方が違うことを、「繋辞上伝」では、次のように記している。

居則觀其象而玩其辭。　居れば則ち其の象を観て其の辞を玩び、

動則觀其變而玩其占。　動けば則ち其の変を観て其の占を玩ぶ。

是以自天祐之。吉无不利。　是を以て、天より之を祐く、吉にして利しからざる无し。

（「繋辞上伝　第二章」より）

君子は、何事もなく静かにしている時には、易の卦爻に表されている象を観て、そこに繋けられている辞を深く味わうのである。易の書には、人間社会のあらゆる情態が、六十四の卦・三百八十四爻に象られて、写し取られている。その象を観察し、そこに繋けられている辞を深く味わ

うことによって、世の中のあらゆる情態を知ることができる。

動いて事を行なおうとする時には、易の卦爻のさまざまに変化していく状態を観て、そこに繋けられてある吉凶禍福の占辞を熟読し深く味わうのである。六十四卦を充分に変化させてみれば、そこにはあらゆる変化の様式が備わっている。これから事を行なおうとする時、その事が、これからどのように変化し展開していくかを観察することによって、その結果の吉凶禍福を、あらかじめ知ることができる。

このようにして、易を学ぶ君子は、常に易の卦象を観て、易の卦爻の辞を深く味わっているので、その行いは天の道に適い、天より祐(たす)けを受け、吉であることを得るのである。

これは、君子が易を用いるに際して、その時の状況によって、二通りの用い方があることを述べたものである。

何事も事がない平穏な時には、人間社会のさまざまな情態を写し取った、六十四通りのサンプルである卦・爻を観察し、そこに繋けられている辞をじっくりと味わって、自らの思索を深めるのである。

動いて何事か為そうとする時には、六十四卦の変化の様式を観察して、これから為そうとする事柄の行く末が、どのようになっていくのかを知るのである。

何事もない平時と、動いて行動すべき時とでは、易を用いる仕方が違うのである。

3　占筮のしかた

易を用いて占いをすることを「占筮（せんぜい）」という。占筮は、次のような手順によって行なわれる。

問筮（もんぜい）……易に問題を問うこと
↓
得卦（とくか）……解答としての、卦を得ること
↓
占考（せんこう）……得た卦を読み取ること
↓
占断（せんだん）……占考した結果により、問題に対する吉凶を断ずること

占筮は、まず「問う」ことから始まる。こちらから問わなければ、何も始まらない。自分の外

から、解答が与えられるのではない。自分が「問う」こと、ここから始まるのだ。

易に問題を問うたら、その解答を受け取らなければならない。それは、卦の形として示される。卦を得るには、いろいろな方法があるが、古代では、蓍（めどぎ）という植物の茎が用いられた。後には、竹を細く削った棒が使われるようになった。これを「筮竹（ぜいちく）」という。筮竹を操作して、卦を得ることを「揲筮（ちょうぜい）」という。

解答としての卦を得たら、それを易の書を基にして読み解いていく。そして、読み解いた結果によって、問うた問題に対する吉凶を断ずるのである。

揲筮法には、（1）本筮法　（2）中筮法　（3）略筮法　の三種が一般的である。『易経』の「繋辞伝」に説かれている筮法は、本筮法だけである。しかしこの筮法は、複雑な操作を必要とし、またその操作を行なうのに手間がかかるため、その不便を解消する工夫がなされてきた。現在、最もよく行なわれているのは、「略筮法」といわれる簡便な筮法である。

一　略筮法

（1）占う事柄を整理する。

書き出してみるとよい。

実際には書かない場合でも、頭の中では必ず文章化して整理すること。

(2) 静座をする。どういう座り方でもよい。背筋を伸ばして姿勢を正しくする。

(3) 静かに呼吸をととのえ、精神を統一させる。

(4) 気が調ってきたら、五十本の筮竹の下部を左手で握り、上部に右手をそえて、額のあたりに捧げる。いったん呼吸を止め、目を閉じて、占うことを強く念ずる。

(5) 念じ終わったら、五十本の筮竹の中から一本を抜き取り、それを筮筒の中に立てて太極に象る。筮筒(ぜいとう)がない場合は机の上に縦に置く。

(6) 残りの四十九本の筮竹を扇形に広げる。筮竹の下部を左手で握り左手の親指で筮竹の束を潰すような感じで押さえると、筮竹は自然に扇形に開いてくる。右手は扇状の右端に、親指を内側にして筮竹を挟むようにしてそえる。

(7) そのまま筮竹を額の辺に捧げ、息を吸って呼吸を止め、目を閉じ気を集中させる。

(8) 機を見て、右手で筮竹の中程を掴んで、一気に左右に分ける。左手に残った筮竹を天策、右手に握った筮竹を地策という。天地に象る。

(9) 右手の地策を机の上に置き、そこから一本を抜き取り、左手の小指と薬指の間に挟む。この一本を人策という。ここに天・人・地の三才がなる。

(10) 左手の天策を二本ずつ、二四六八と数えて八払いする。八で割り切れずに残った筮竹の本数に、人策の一本を加えて、残数とする。

残数が一本であれば……☰乾　残数が五本であれば……☴巽
残数が二本であれば……☱兌　残数が六本であれば……☵坎
残数が三本であれば……☲離　残数が七本であれば……☶艮
残数が四本であれば……☳震　残数が八本であれば……☷坤

こうして、内卦ができあがる。以上が第一変である。

(11) 太極の一本はそのままで、再び四十九本の筮竹を左手に握り、(6)〜(10)までの操作を繰り返す。

こうして、外卦ができ上がる。これが第二変である。

(12) また太極の一本はそのままで、再び四十九本の筮竹を左手に握り、(6)〜(9)までの操作を繰り返して、三才に象る。

(13) 今度は、左手の天策を、二四六と六払いする。余った筮竹の数に人策の一本を加えて残数を出し、爻位を求める。

残数が一本であれば……初爻　残数が四本であれば……四爻
残数が二本であれば……二爻　残数が五本であれば……五爻
残数が三本であれば……三爻　残数が六本であれば……上爻

こうして、爻位が決まる。以上が第三変である。

このようにして、内卦・外卦・爻位が求められる。

もし仮に、左記のような数を得たとすれば、

一回目の八払いの残数……三（内卦は☲）

二回目の八払いの残数……四（外卦は☳）

三回目の六払いの残数……二（爻位は二爻）

得卦は、䷶豊六二　となる。

二　中筮法

（1）　（1）～（5）までは略筮法と同じ。

（2）　まず初爻を求める。

（6）～（10）までの操作を行なって、残数を求め、卦を得る。

ここで得て、各爻に配された卦を、「爻卦（こうか）」という。

爻卦が、乾・震・坎・艮であれば、その爻は陽爻（⚊）とする。

爻卦が、坤・巽・離・兌であれば、その爻は陰爻（⚋）とする。

残数が一ならば爻卦は乾……⚊　陽爻　　残数が五ならば爻卦は巽……⚋　陰爻
残数が二ならば爻卦は兌……⚋　陰爻　　残数が六ならば爻卦は坎……⚊　陽爻
残数が三ならば爻卦は離……⚋　陰爻　　残数が七ならば爻卦は艮……⚊　陽爻
残数が四ならば爻卦は震……⚊　陽爻　　残数が八ならば爻卦は坤……⚋　陰爻

（3）続いて同様の操作を繰り返して、二爻・三爻・四爻・五爻・上爻を求める。こうして六爻が備わり、大成の卦ができる。これを「本卦（ほんか）」という。

（4）乾を配した爻は老陽とみなし、陽極まって陰（⚋）に変ずるとする。坤を配した爻は老陰とみなし、陰極まって陽（⚊）に変ずるとする。他の卦を配した爻は、少陽・少陰とみなして変じない。変じてできた卦を「之卦（しか）」という。

もし仮に、筮を執って左記のような数を得た時には、

一回目の八払いの残数二……爻卦は兌（初爻は少陰とみなす）
二回目の八払いの残数八……爻卦は坤（二爻は老陰とみなす。陽爻に変ずる）
三回目の八払いの残数三……爻卦は離（三爻は少陰とみなす）
四回目の八払いの残数五……爻卦は巽（四爻は少陰とみなす）
五回目の八払いの残数七……爻卦は艮（五爻は少陽とみなす）

六回目の八払いの残数一……爻卦は乾（上爻は老陽とみなす。陰爻に変ずる）

この場合の本卦・之卦は、次のようになる。

　乾艮巽離坤兌

本卦 ⚊⚊⚋⚋⚋⚋ 観

之卦 ⚋⚊⚋⚋⚊⚋ 坎

（5）六爻の内に乾坤を配した爻がない場合は、変爻はない。つまり之卦がなく、不変の卦となる。例えば、次のような場合がそうである。

　兌震艮離坎巽

⚋⚊⚊⚋⚊⚋ 困の不変

三　本筮法

（1）五十本の筮竹より一本を抜き取り、筮筒の中に置く。〔太極〕

（2）左手に持った四十九本の筮竹を、扇型に開き、それを右手で二つに分ける。〔両儀〕

左手に残ったものを「天策」といい、右手に分け取ったものを「地策」という。
　天策を左に、地策を右に置く。

(3) 天策を左の手に握る。地策より一本を取って、左手の小指と薬指の間に挟む。
　これを「人策」という。　〔三才〕
指の間に挟むことを、扐(ろく)に掛けるという。

(4) 右手で四本ずつ、左手の天策を数える。　〔四時〕

(5) 四除して余った策を、薬指と中指の間に挟む。　〔閏(うるう)に象る〕
四本で割り切れてしまった場合は、余った策は四本とみなす。

(6) 次に地策を左手に取り、同様に四本ずつ数える。

(7) 四除して余った策を、中指と人指し指の間に挟む。　〔五歳にして再(さい)閏(じゅん)に象る〕

(8) 左手に挟んだ策を一緒にして、机の上に置く。　【以上第一変】
その掛扐(かろく)の数は必ず「五」または「九」である。

(9) 掛扐の数を除いた「四十四」本、または「四十」本の筮竹を左手に持ち、(2)～(7)までの操作を再度行なう。

(10) 左手に挟んだ策を一緒にして、机の上に置く。

その掛扐の数は必ず「四」または「八」である。

【第二変】

(11) また再び、掛扐の数を除いた筮竹を左手に握り、(2)〜(7)までの操作を行なう。

左手に挟んだ策を一緒にして、机の上に置く。

その掛扐の数は必ず「四」または「八」である。

【第三変】

(12) 一、二、三変の掛扐の数を合計すると、それは二十五、二十一、十七、十三のいずれかになる。

掛扐の数	残数	残数を四で除す	算木(さんぎ)の記号
25	24	24÷4=6　六は老陰	×
21	28	28÷4=7　七は少陽	━
17	32	32÷4=8　八は少陰	╍
13	36	36÷4=9　九は老陽	□

49本から掛扐の数を引いた残数によって、六七八九の四象の数が得られる。これによって一爻の陰陽が決まる。

(13) このようにして初爻ができる。

二爻から上爻までも、同様にして陰陽を求める。一卦の六爻を求めるには、三変を六回くり返し、十八変を重ねる必要がある。

(14) こうして得た卦を、「本卦」あるいは「遇卦（ぐうか）」という。

(15) 老陽あるいは老陰を得た爻は、陰陽が変ずる。これを「動爻（どうこう）」という。少陽・少陰の爻はそのままで変じない。

(16) 老陽または老陰が変じてできた卦を、「之卦」という。

もし仮に筮を執って、初爻に老陰、二爻に少陰、三爻に老陽、四爻に少陽、五爻に少陽、上爻に少陽を得たとすれば、本卦は「遯（とん）」となる。初爻の老陰、変じて陽となり、三爻の老陽、変じて陰となるので、之卦は「无妄（むぼう）」となる。

	少陽	少陽	少陽	老陽	少陰	老陰	
本卦	⚊	⚊	⚊	⚊	⚋	⚋	遯
之卦	⚊	⚊	⚊	⚋	⚋	⚊	无妄

【第十八変】

〔本卦〕

〔之卦〕

卦を得るには、筮竹を用いるのが最もよいのだが、筮竹がない時には、どのようにしたらよいのだろうか。昔からいろいろな方法が工夫され、行なわれてきた。「擲銭法（てきせんほう）」「円著法（えんしほう）」などがそうであるが、そろばんを使った「そろばん占い」（これは落語にも登場する）も、よく行なわれたようである。

ここでは、最も簡便な方法である、六面体のサイコロを用いる法、三枚のコインを用いる法を紹介しよう。

四　サイコロによって卦を得る法

（1）六面体のサイコロを一つ用意する。

（2）気を集中して、易に問うことを念じ、よく手の中で揉んでから、軽く放る。

（3）サイコロの目が、奇数であれば陽爻（⚊）とし、偶数であれば陰爻（⚋）とする。

（4）一回目を初爻とし、順次に六回くり返して、上爻までの陰陽を定める。

（5）七回目に、サイコロの目の数をそのまま採って、初爻から上爻までの爻位を定める。

五　コインによって卦を得る法

（1）コインを三枚用意して、その裏・表を決める。

（2）気を集中して、易に問うことを念じ、よく手の中で揉んでから、軽く放る。

（3）コインの表を三点、裏を二点として、三枚の点数を合計する。

三枚すべてが表であれば、　３３３↓　９　老陽とする（⚊）
一枚が裏、二枚が表　２３３↓　８　少陰とする（⚋）
二枚が裏、一枚が表　２２３↓　７　少陽とする（⚊）
三枚すべてが裏　２２２↓　６　老陰とする（⚋）

このようにして、初爻が決まる。

（4）この操作をくり返して、二爻・三爻・四爻・五爻・上爻を求め、六画の大成卦ができる。

（5）こうしてできた卦を、「本卦」という。

（6）六爻の内、老陽を配している爻は、陽が極まって陰に変ずる。老陰を配している爻は、陰が極まって陽に変ずる。変じてできた卦を「之卦」という。

（7）老陽・老陰を配している爻がない場合は、変ずる爻がなく、之卦はない。

〔参考〕

朱子の『周易本義』には、その冒頭に「筮儀」と題して、本筮法による筮法が示されている。ここに、その全文を現代語に訳して紹介しよう。

筮儀（『周易本義』による）

地の清浄な所を選んで、蓍室とする。南に戸を設け、横長の机を部屋の中央に置く。

机の大きさは、約長さが五尺、幅が三尺、あまり壁に近づけてはいけない。

蓍は五十茎、これを纁帛に包んで皁嚢に容れ、櫝の中に納めて机の北側に置く。

櫝は竹筒か又堅木、あるいは布漆で作る。円径は三寸、高さは蓍の長さとし、半分を底として、半分を蓋とする。下には別に台を作って、これが倒れないようにする。

木の格を櫝の南に設け、机の中央より北に置く。

格は、横木の板で作る。高さは一尺、長さは机の端まで届くほど。中央に一尺程の間隔をおいて、二つの大きな刻みを作る。大きな刻みの西に、各々五寸ばかり隔てて、三つの小さな刻みを作る。格の下には横足を付けて倒れないようにし、机の上に立てる。
香爐（こうろ）一つを格の南に、香合一つを爐の南に置き、毎日に香をたいて敬意をあらわす。
占筮を行なおうとする時は、掃き清め、拭き清めして、硯を一つ滌（あら）いて水を注ぎ、筆一つ、墨一つ、黄漆の板一つを爐の東に置く。筮者は斉潔して衣冠を正しくし、北面して手を洗い、香を焚いて敬意をあらわす。

筮者が北面することは、儀礼に記載されている。もし人に筮を執らせる場合には、主人は香を焚き終って少し退き、北面して立つ。筮者は進んで机の前に立ち、中央より少し西に寄って、南に向かって命を受ける。主人は、直ちに占う事を述べる。筮者が許諾すると、主人は右に還り、西に向かって立つ。筮者は右に還り、北に向かって立つ。

両手で櫝の蓋をとって、格の南爐の北に置き、蓍を櫝より出して、嚢を去り包みを解いて櫝の東に置き、五十策を合わせて、両手でこれを持って、爐の上にくすべる。

この後に用いる蓍策（しさく）の数については、その説は皆な『易学啓蒙』に記載されている。

蓍に命じて、このように言う。
「なんじの泰筮、常有るによる。なんじの泰筮、常有るによる。某の官姓名、今某事云々いまだ可否を知らざるを以て、ここに疑う所を神霊に質す。吉凶得失、悔吝憂虞（かいりんゆうぐ）、これなんじの神に有り、こいねがわくは明らかに之を告げよ。」

かくして右の手で一策を取り、櫝(とく)の中に反(かえ)す。そうして、左右の手をもって、四十九策を二つに分けて、格の左右の二つの大刻に置く。

これが第一営、いわゆる「分ちて二と為して、以て両に象る」ことである。

次に左の手で、左の大刻の策を取り、そして右の手で、右の大刻の一策を取り、左の手の小指の間に挟む。

これが第二営、いわゆる「一を掛けて、以て三に象る」ことである。

次に右の手で、四つずつ左の手の策を数える。

これが第三営の前半、いわゆる「これを揲(かぞ)うるに四を以てし、以て四時に象る」ことである。

次にその数えて余った策、一本、あるいは二本、あるいは三本、あるいは四本を帰して、これを左手の薬指と中指の間に挟む。

これが第四営の前半、いわゆる「奇を扐に帰し、以て閏に象る」ことである。次に右の手をもって、すでに数えた策を左の大刻にかえす。そして右の大刻の策を取り、これを左の手で四つずつ数える。

これが、第三営の後半。

次にその余った策を、前のように帰して、これを左の手の中指と人指し指の間に挟む。

これが、第四営の後半いわゆる「再扐して、以て再閏に象る」ことである。

第一変の余った策は、左が一本であれば、右は必ず三本。左が二本であれば、右もまた二本。左が三本であれば、右は必ず一本。左が四本であれば、右もまた四本である。最初に小指の間に挟んだ一を加えれば、五本か九本になる。五は、その四が一つ含まれているので、奇とし、九は、その中に四が二つ含まれているので、耦（ぐう）とする。奇になるものは三組、耦になるものは一組である。

次に右の手で、既に数えた策を右の大刻にかえし、そして左の手の指に挟んだ策を合わせて、格上の第一の小刻に置く。東を上とする。以後、同様である。

以上が第一変である。

再び両手で、左右の大刻の蓍を取って、これを合わせる。

その本数は、四十四策か、あるいは四十策である。

再び第一変のように四営して、その指の間に挟んだ策を、格上の第二の小刻に置く。

これが第二変である。

二変の余った策は、左が一本であれば、右は必ず二本。左が二本であれば、右は必ず一本。左が三本であれば、右は必ず四本。左が四本であれば、右は必ず三本。小指に掛けた一策を加えると、四本か、そうでなければ八本になる。四は、その中に四を一つ含むので奇とし、八は、四を二つ含むので耦とする。奇耦各々二組できる。

また、再び左右の大刻の蓍を取って、これを合わせる。

その本数は、四十策か、あるいは三十六策、あるいは三十二策になる。ふたたび第二変の儀のように四営して、そしてその指の間に挟んだ策を、格上の第三の小刻に置く。

これが第三変である。

　第三変の余った策数は、第二変と同じ。

こうして三変が終わった。かくしてその三変によって得られた、左手の指に挟んだ策数、及び数え終わった蓍策の数を視て、それからその爻を版に記す。

　左手の指に挟んだ策数が、五または四本を奇とし、九あるいは八本を耦とする。

挟んだ策数が三変共に奇で、合わせて十三策であれば、数え終わった蓍策は三十六策になる。これを老陽とする。その画は□と記す。いわゆる「重」である。

挟んだ策数が、奇が二つ、耦が一つで、合わせて十七策であれば、数え終わった蓍策は三十二策になる。これを少陰とする。その画は⚋と記す。いわゆる「拆」である。

挟んだ策数が耦が二つ、奇が一つで、合わせて二十一策であれば、数え終わった蓍策は二十八策になる。これを少陽とする。その画は⚊と記す。いわゆる「単」である。

挟んだ策数が三変とも耦で、合わせて二十五策であれば、数え終わった蓍策は二十四策になる。これを老陰とする。その画は×と記す。いわゆる「交」である。

このように、三変毎に一つの爻ができる。

第一、第四、第七、第十、第十三、第十六の六変は、皆同様である。ただし第三変以下は、命を唱えることなく、ただ四十九本の蓍を用いるだけである。

第二、第五、第八、第十一、第十四、第十七の六変も、また同じ。

第三、第六、第九、第十二、第十五、第十八の六変もまた同様である。

全部で十八変して、一つの卦が得られる。こうして、その卦の変化を考えて、その吉凶を占うのである。

卦変については、別に図が有る。『易学啓蒙』に記載してある。

礼が終わると、蓍を包み、嚢に収め、櫝に入れて蓋をし、筆や硯・墨・版をおさめ、再び香を焚いて敬をあらわして退出する。

もし、人に揲筮してもらう場合には、主人は香を焚き、筮者に両手を組んで会釈して、退出する。

補

易はどのように学ばれてきたか——易学小史粗描

1　易の伝来

一　易・陰陽五行の伝来

『易経』が日本に伝えられた時期として記録されているのは、『日本書紀』の継体天皇七年（五一三）の記事が、もっとも古い。この年、百済から五経博士の段楊爾が、学者の人材として貢上された。五経とは、儒教の五つの経典のことであり、『易経』はその筆頭に置かれていた。

『日本書紀』には更に、継体天皇十年（五一六）に、五経博士の漢高安茂を貢上して、段楊爾と交替させた、という記事がある。

推古十年（六〇二）には、百済の僧観勒が、暦本・天文・地理書・遁甲・方術書をもたらした。

このような、百済からもたらされた最新の学問や文物が、具体的な制度となって顕れてきたのが、推古天皇の治世である。聖徳太子は、推古十一年、「冠位十二階」を制定した。そして、翌十二年（六〇四）には、「十七条の憲法」を制定した。これらには、陰陽五行や讖緯の説の影響が、色濃く顕れている。

推古朝においては、遣隋使を契機として、百済を経由することなく、直接に大陸の大国である隋の文物・制度が導入されることになった。そのことは、その後の日本の学術文化の発展に、大きく寄与することになったのである。

二　易・陰陽五行を取り入れる

舒明四年（六三二）、僧旻は留学を終えて帰朝した。帰国後の彼は、当時の貴族の子弟に、留学して学んだ最新の学問を講義した。藤原鎌足も、蘇我入鹿と共に僧旻のもとへ通って、「周易（『易経』)」の講義を聴いたのである。

天武天皇は、「天文・遁甲を能くす」と『日本書紀』に記述されているように、易や陰陽五行に基づく学術によく通じていた。このことを示す一つのエピソードが、『日本書紀』に記録されている。

壬申の乱の時のことである。近江朝の動向に、身の危険を感じた大海人皇子、のちの天武天皇は、吉野を脱出して東国へ行くことを決意した。吉野を出て名張の横河にたどり着いたところ、広さ十余丈の黒雲が天にわたっていた。大海人皇子はこれを見て、怪異なことだと怪しみ、そこで燭を燈し、親から式を操作してそのことの意味を占った。そして、次のように占断したのだ。「これは、天下が二つに分かれるという祥である。そして朕れは、遂に天下を得る、ということであろう！」と。

その後、大海人軍は近江朝廷軍を打ち破って、この占断の通りに勝利をおさめたのである。大海人皇子は翌六七三年二月に、飛鳥浄御原宮で即位した。

天武天皇は、当時の最新の知識である「易・陰陽五行」に基づいた学術を、積極的に取り入れた。『日本書紀』には、壬申の乱の後、天武四年（六七六）の条に、「陰陽寮」の語が見える。また、同年正月五日には、占星台が設置された。そして、天武十三年（六八五）の条には、「陰陽師」の語が見える。

聖徳太子の推古朝から天武・持統朝までの百年は、当時の最高の知識である「易・陰陽五行」に基づく学術を、充分に咀嚼できないまま、やみくもに取り入れた時期だったといえよう。そしてこれらを担うべき人材を、充分に養成するまでには、いまだ至らなかったのである。

2 朝廷の易学

一 陰陽寮が設置される

朝廷の官制が律令によって調えられてくると、陰陽寮や陰陽師も、その中に組み込まれていった。養老令（七一八）によれば、「陰陽寮」は中務省に属し、陰陽頭を長として事務官と技術官を置いた。陰陽頭は、天文暦数、風雲気色について異変があれば、密封奏聞することを職務とした。陰陽師は、実際に占筮及び地相を占うことを職掌とした。そして、陰陽寮の式占を行ない、神祇官の亀卜と相並んで、卜占に従事した。

二 『周易』を陰陽生の教科書に指定する

『続日本紀』の天平宝字元年（七五七）十一月癸未の条の詔の中に、当時の学生、つまり経生・伝生・医生・暦算生・陰陽生の学ぶべき教科書が指定されている。陰陽寮の学生については「陰陽生は、周易・新撰陰陽書・黄帝金匱・五行大義」と、これら四種の書籍が、必ず学ばなくてはならないものとして挙げられている。この四種のテキストの内、『新撰陰陽書』と『黄帝金匱』は失われてしまったので、その詳細は知ることができないが、『周易（易経）』と『五行大義』は現在に伝わっており、手にとって知ることができる。

このように、『周易』『五行大義』が陰陽寮のテキストとして、早くから重んじられていたことがわかる。

三 平安朝では

平安時代の易学は、鄭玄の易説や、老子の哲学によって『易経』を解釈した王弼の易説が、主であった。この頃の易学研究は、漢から唐の時代にかけて用いられた古い注釈によって、専ら『易経』本文を理解することに終始した。用いられたテキストは、唐の国定教科書である『周易正義』である。

(1) 五十歳をもってはじめて易を学ぶ、という伝統

五十歳になる前に易を学んではならない、と言われたのは、『論語』に「子曰く、五十にして天命を知る」(為政篇)とあり、また「子曰く、我に数年を加へ、五十にして以て易を学べば、以て大過無かるべし」(述而篇)とあることからである。皇侃の注釈書では、こう言っている。「必ず五十にして易を学ぶものは、人生五十、これ知命の年なり。易に大衍の数五十とあり、これ理を窮め性を尽くすの書なり。故に五十にして易を学ぶなり」と。

しかし、このような俗説には、なんの根拠もないのである。すでに藤原頼長は、これを疑っていた。だが清原家では、室町時代に至るまでこの言い伝えを頑に守って、五十歳以前では、易を習わせなかったということである。

それは、単に『論語』の辞だからというだけではなく、人生に未熟な者が易などを扱うと、権力者に利用されて、悲劇的な人生の結末を迎えることが多く、そのことを知っていて慎んだのではないかと思われる。

政治の上での権力闘争に巻き込まれ、卜占に翻弄された者、その代表が「保元の乱」を起こし、「平治の乱」に遭遇した、藤原頼長と藤原通憲である。

(2) 藤原通憲(みちのり)と藤原頼長(よりなが)の周易研究

藤原頼長は、二十四歳(一一四三)より『周易

正義』を読み始めた。師匠は、家司の藤原成佐である。翌一一四四年には、易筮を以て卦を立てる法を、藤原通憲より伝授された。

藤原頼長が周易を学ぶ動機と、その目的について、述べていることばがある。「自分が周易を学びたいと考えるのは、明年の、甲子の歳に行なわれる、甲子革命の群議に列席するためである。一般に言われていることに、周易を学ぶ者には凶があるとか、五十歳以後でないと読んではならぬとか言うが、自分はそのような俗伝には何の根拠もないと思っている。だが、なお俗人の語が気になるので、安倍泰親をして泰山府君を祭らしめた」(『台記』康治二年〔一一四三〕)。

朝廷のトップにいる左大臣頼長にして、なお、周易についてのこのような俗伝を問題とし、気にしている様子がよくうかがわれる。易学は、このような風潮の中で、貴族の間にだけ伝授されていたのであり、このような状況では、易の、学としての発展は望むことはできなかった。その上、筮占のことについては、専ら陰陽寮が扱う秘法であるとして、一般の貴族には公開されることはなかったのである。

また、大学の教官も世襲となっていった。清原家や菅原家などが、その主な家である。易学もまた、これらの家の「家学」とされるようになっていった。

一一五六年、頼長は保元の乱を起こした。そして、その戦に敗れて三十七歳でその生涯を終えた。その三年後の一一五九年、藤原通憲は平治の乱に遭遇して、彼を憎んでいた藤原信頼・源義朝に捕らえられて殺された。享年五十四歳であった。

3　足利学校の易学

鎌倉時代になると、朱子学が伝来して、五山の禅僧によって研究された。易学も、今までの唐の国定教科書である『周易正義』から、宋の時代の易学である、程子の『易伝』や朱子の『周易本義』が読まれるようになった。

室町時代の禅僧は、好んで周易を講じ研究した。こうして易学の担い手は、朝廷の機関である「大学」や「陰陽寮」の役人、宮廷の公家等から、僧侶や武家へと広がり、朝廷の独占するものではなくなった。

この時代の易学は、「足利学校」を抜きにして語ることはできない。

一　板東の大学

室町時代、関東管領の上杉憲実（一四一一—一四六六）は、関東の足利荘にあった足利学校を存続させるために、学田を寄付し貴重書を寄進した。そして、鎌倉の円覚寺の禅僧快元を校主として迎えた。その後の戦乱の世になっても、北条氏康・武田勝頼・徳川家康等の庇護を得て、学校は長く維持存続した。それは「板東の大学」として盛況を極め、「生徒は蓋し三千」と称せられた。

足利学校の易学が全国に有名になったのは、占筮を中心としたからである。足利学校で学んだ者は、競って諸国の大名や有力者に召し抱えられた。そして、軍事や人事、世事を占って、学んだ易筮を活かしたのである。

また、足利学校は、貴重な書籍が所蔵されていることで、古来より知られていた。それらの貴重書の中で、易書として特に有名なものが『周易注疏十三巻』である。この注疏本は上杉憲忠が寄進したもので、他所には伝わっていない貴重なものであり、現在は国宝に指定されて保存されている。

さて、日本の易学・易筮の伝統は、『周易要事記』の伝えるところによれば、唐の一行阿闍梨から弘法大師を経て三善清行に至り、これより「真言流」「宿曜相伝」「算家相伝」の三派に分かれたという。足利学校の易筮は、この中の真言流を継承したものである。真言流と称するのは、弘法大師が日本に帰ってから後に伝授したからだ、といわれていることによる。しかしこれらの系譜については、諸本にいろいろと異説があって、実際には、詳細はよく分からないことが多い。

二　講義の内容

ところで、足利学校で講ぜられた易学とは、どのようなものであったのだろうか。

今日、『周易別伝秘訣、足利学校流占筮伝授要説』という書籍が伝わっている。その中には、看卦法・起六神法・生旺墓法・推四季旺神法・推納甲法・定六親法・定世法・定応法・定身法など、十四の秘伝が記されている。これらの項目を見れば、その講義の一端を、窺い知ることができるであろう。

柏舟（一四一六―一四九五）は、二十五歳の

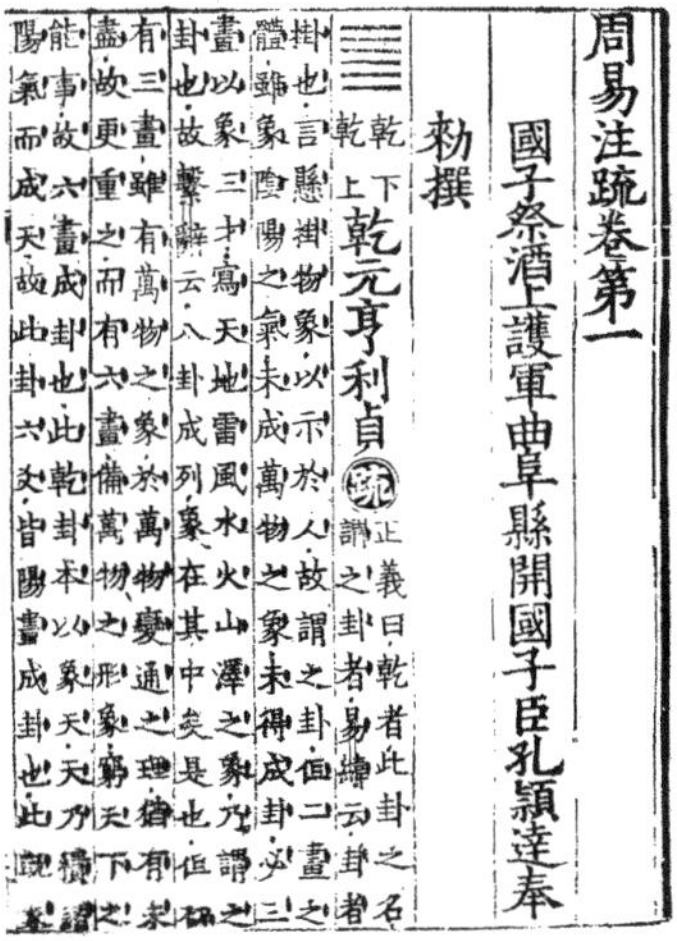

周易注疏巻第一

國子祭酒上護軍曲阜縣開國子臣孔穎達奉

勅撰

☰ 乾下乾上 乾元亨利貞 疏 正義曰乾者此卦之名謂之卦者易緯云卦者掛也言懸掛物象以示於人故謂之卦但二畫之體雖象陰陽之氣未成萬物之象未得成卦必三畫以象三才寫天地雷風水火山澤之象乃謂之卦也故繫辭云八卦成列象在其中矣是也但初有三畫雖有萬物之象於萬物變通之理猶有未盡故更重之而有六畫備萬物之形象窮天下之能事故六畫成卦也此乾卦本以象天天乃積諸陽氣而成天故此卦六爻皆陽畫成卦也此既

足利本『周易注疏十三巻』（国宝）

時に足利学校に入った。そこで一世校主の快元の易学を学んだ。七年間学校で学び、晩年に近江の永源寺に住した。

　時に、応仁の兵乱を逃れた五山の禅僧たちが、近江に集まってきた。その時柏舟は、彼らに足利学校で学んだ易学を伝授した。これが、足利学校の易学が五山の禅僧に入った始まりである。

　また柏舟は、『周易要事記一巻』を著した。これは、足利学校で受講した易学講述を筆録したものである。それによって、我々は足利易の実体を知ることができるのだ。更に彼は『周易抄』を著した。これは、日本における易学書の最初の本である。その巻首に先の『周易要事記』を載せている。

　桃源（とうげん）（一四三〇—一四八九）は、柏舟から足利易を伝授された一人である。その著書『百衲襖（ひゃくのうぶすま）』によれば、足利学校における易学の講義の順序は、次のようなものであった。

①正義の序、並びに八論……まず、『周易正義』の「序」及び「八論」から始まる。

②筮儀……占筮をする時の作法・筮法を解説する。

③啓蒙通釈明著策……朱子の『易学啓蒙』の第三章。筮法の理論を通釈する。

④同考変占……同じく第四章。卦の変化を説く。

⑤命期算……命期の出し方。

⑥閏月算……閏月の出し方。

⑦万物算。

⑧納甲法……易の六十四卦の各爻に、十干十二支を配当する方法。

⑨乾坤二卦訓読……乾の卦と坤の卦の二卦を、和文に読み下す。

⑩繋辞伝上下……「繋辞伝」の上編と下編を読む。

⑪乾坤二卦講義……乾の卦と坤の卦の講義。
⑫啓蒙通釈本図書……『易学啓蒙』の第一章。河図・洛書について通釈する。
⑬同原卦画……同じく『易学啓蒙』の第二章。卦の成り立ちについて通釈する。
⑭屯蒙以下講読……六十四卦の、乾と坤の卦を除いた残りの六十二卦を読む。
⑮啓蒙通釈説卦序例……「説卦」「序卦」を説く。
⑯同雑卦略例……同じく「雑卦」「略例」を説く。

この講義内容を見ると、易筮を主としたものであったことがよく分かる。

4 江戸時代の易学

古代から中世にかけての易学及び易筮は、漢の時代の易や宋の時代の易の解読・受容に精一杯であって、日本的にかみ砕かれた独自の易学の展開を示すまでには至らなかった。やがて戦国の世も終わりを遂げ、江戸時代になると、江戸幕府が儒教、それも朱子学を官学として奨励するようになって、その結果、儒学は大いに盛んに行なわれるようになった。そのことは易学・易筮においても顕著であって、今までのどの時代にもなかったような発展を示すようになったのである。

一 義理易

それはまず、室町時代の末期に至って、京都の相国寺の禅僧に藤原惺窩（せいか）（一五六一―一六一九）が出た。彼は、五山時代の、儒教と仏教の入り交じった状態から儒学を独立させ、宋の時代の新注を採用して、江戸時代の儒学の開祖となった。

その弟子に、幕府の官学を開いた林羅山（らざん）（一五八三—一六五七）が、京都の建仁寺から出た。はじめは僧籍にあった彼らは、後に還俗して儒学者となった。

『易経』は、五経の一つとして、彼等学者によって研究された。そのテキストは、朱子の『周易本義』と程子の『易伝』が中心であり、それを解釈するに当たっては、程子や朱子などの宋の時代の学者の注、すなわち新注が用いられた。

江戸時代初期において、易学の主流となっていたのは、江戸の幕府の学問所である昌平黌にいた林羅山の三男の林鵞峰（一六一八—八〇）である。また、京都には山崎闇斎（一六一八—八二）、伊藤仁斎の子息である伊藤東涯（一六七〇—一七三六）などがいた。

鵞峰は朱子の『周易本義』に訓点を施して出版し、闇斎にも、同じく朱子の『周易本義』『易学啓蒙』の加点本がある。

伊藤東涯は『周易経翼通解十八巻』を著したが、その注解には王弼の注を採用した。王弼は、老子の哲学を用いて易を解釈したのであり、その王注を採用したのは、異色である。

太宰春台（一六八〇—一七四八）は、『周易反正十二巻』を著し、中井履軒（一七三二—一八一七）は、『周易逢原』を著した。

江戸時代の後期の佐藤一斎（一七七二—一八五九）は、『周易欄外書十巻』を著した。幕府の学問所である昌平黌の教授でありながら、陽明学にも通じていたという人である。

二　易筮が盛んになる

京の朝廷で易が講じられていた頃には、占筮は一部の貴族の独占するものであったが、室町時代には、それは地方の大学「足利学校」で講ぜられるものとなり、易は武家の中に浸透していった。

だがこれも、地方の大名などの有力者の専有するものであって、軍事や人事、世事を占う、専門の技術であったのだ。

江戸時代になると、占筮は、軍事や政事などに用いられる必要がなくなり、専ら商事や日常の生活の中での、日用の事柄に利用されるようになった。その需要に応えるために、易筮を学ぶ者が多くなり、その必要から、易筮を講ずる者もまた多数現れ、その理論の研究も盛んに行われた。

この時代の易占家としては、まず「新井白蛾」と「眞勢中州」を挙げなくてはならない。この二人の占法は、後世、今日に至るまで、その影響が甚大であるからである。

(1) 新井白蛾

新井白蛾は、正徳四年（一七一四）に江戸下谷に生まれた。父は山崎闇斎の高弟であった浅見絅斎に学んだ人である。白蛾は、その父から漢学の手ほどきを受けた。

二十二歳の時、神田紺屋町で漢学の塾を開いたが、これはうまくいかなかった。白蛾は、自分の未熟さを悟って、京へ上って易の勉強をしようと志した。京では、衣棚押小路に住み、易の実占の研究に専心した。

彼の易占の評判が高くなってくると、占を依頼する者もふえ、また門人も多くなった。しかし、儒学者としては、あまり評価はされなかった。後に白蛾が『古易対問』という著書を出版し、江戸でも関西でもよく売れたことから、易学者「新井白蛾」の名は大いに知れ渡ることになった。

このようにして名を成した白蛾の下には、多くの門人が集まるようになり、白蛾もまた、たくさんの著書を著した。『易学小筌一巻』『易学類篇二巻』『古易断　内篇・外篇』などは、その代表的なものである。

晩年は、加賀藩に召し抱えられて、藩校の初代学頭になった。そして、寛政四年（一七九二）、七十八歳で亡くなった。新井白蛾は、「易学中興の祖」といわれている。

(2) 眞勢中州

眞勢中州は、宝暦四年（一七五四）に尾張に生まれた。亡くなったのは、文化十四年（一八一七）、六十四歳であった。

中州の経歴については、よく分からないことが多い。「京に入りて新井白蛾の門に学ぶ」と伝えられているが、実際のところ、このことの真偽もよく分からない。その後は「学成りて大阪に至り淀屋橋に卜居」した。

中州の著書として伝えられている書籍はたくさんあるが、実際に彼が自ら筆を取って書かれたものは少なく、『易原図一巻』『範囲図』『見性図』『酬醋神明図』などにすぎない。その他の著書は、谷川龍山・松井羅州の二人の門人の手に成ったものであった。

谷川龍山の著したものとしては、『周易本筮指南二巻』『易学階梯二巻』『易学階梯付言二巻』『左国易一家言』『眞勢家三秘伝』などである。

松井羅州（一七五一―一八二二）の著したものには、『周易釈故』『精義入神』『存々成務』『範囲秘鑰』などがある。

三　江戸後期の「開物成務」

江戸時代の後期になると、易の思想の影響を受けて、「開物成務」ということが言われるようになった。「周易繫辞上伝　第十一章」の辞、「開物成務。冒天下之道」という一句がその出典である。

子曰。夫易何爲者也。
夫易。開物成務。冒天下之道。如斯而已者也。
（「周易繫辞上伝　第十一章」より）

子曰く、夫れ易は何為る者ぞや。
夫れ易は、物を開き務を成し、天下の道を冒う。
斯の如くにして已む者なり。

＊物を開く……自然や人間の、一切の物を開き明らかにしていくこと。
＊務めを成す……自分の務めるべき仕事を成就させる。
＊天下の道を冒う……天下のあらゆる物事の道理は、皆易の中に覆い包まれていること。

（孔子はこう言われた。そもそも易は、何のために作られたものであろうか？
そもそも易とは、天下のあらゆる物事を開いて明らかにし、自分の務めるべき仕事を成就させる。そして、天下のあらゆる物事の道理は、皆なこの易の中に覆い包まれ、網羅されている。易とは、まさにこのようなものにほかならない。）

本来易は、仰いでは天文を観、伏しては地の理を察し、こうして天地間の自然を観察して、それを三画の卦に写しとったものである。自然観察が易の出発点なのだ。

江戸時代中期以降の優れた思想家は、皆な何らかの意味で易思想の影響を受けている。易が、彼らの自然観察的思想を養うのに、大きなはたらきを成したのである。

貝原益軒は、早くから「開物成務」ということを自然の学術的研究に結び付けた人であった。彼は、彼の研究の成果である『大和本草』の中において、早い時期から「開物成務」のことを説いている。

三浦梅園は、従来の「陰陽説」を批判し、「五行説」を切り捨てる中で、『玄語』を著して「条理学」を説いた。

安藤昌益は、古来からのすべての医書を批判する中で、『自然真営道』を著して、独自の学問を打ち立てようとした。

彼等は共に、従来の易や陰陽五行の学説を批判・排斥する中で、自分の学問を打ち立てたのであるが、その学問の根底には、実は易の思想があるのであり、それによって養われたのである。

京都の易学者、皆川淇園（一七三四—一八〇七）がとなえた「開物学」は、自然を規準とし、理論を立てる時には自然を準拠とする、という思想である。淇園は著書が多く、開物の思想の著書としては、『易学開物』『易学階梯』などがあった。また易に関しては、『周易釋解』『易原翼』『周易擬議法』などがある。彼の門下からは、帆足万里（一七七八—一八五二）が出た。帆足万里は『窮理通』を著し、日本に初めて西洋の物理学を導入した人である。

江戸時代後期の易学には、儒家の義理易や筮占の易とは違う、「開物成務」の考えに基づく易の展開があったのである。その「開物学」は、自然科学的な目を養い、洋学を受け入れる下地を作っていった。近代の学術を移入し、それを咀嚼して自分のものとするに際して、易学が貢献したところのものは、実に大きかったのである。

明治元年、旧幕時代の「開成所」が明治新政府に接収され、官立の「開成学校」として再興された。これが、今の東京大学の源流とされている。開成とは、「開物成務」に基づく辞であり、その辞が文明開化の、新しい学問の象徴となった。以降、開成小学校・開成中学校などのように、「開成」の名を冠した学校が、数多くあちこちに設立されるようになった。

5 明治以降の易学

明治の世になると、易学をめぐる世界も一変した。今までの「四書・五経」を中心とした学問は、古い、時代後れの学問として、次第に顧みられなくなり、代わって洋学が、これからの時代の学問としてもてはやされるようになった。いわゆる文明開化の時代になったのである。

旧幕時代に教育を受けた人達の中には、私塾などで易を講じていた者もいたが、それもやがて消え去ってしまうと、易学は、一般には占術の一種として認識されるだけになった。

大学などでは、「古代中国思想」の一つとして、あるいは「中国古典文学」の一つとして、それを専攻する学者によってわずかに読まれるだけになった。かつての活きた学問としての易から、「古典研究」の一分野としての易になってしまったのである。

一 義理易

この時代の易の理論面の学者としては、まず根本通明博士、そして、その教えを受けた公田連太郎氏を挙げなくてはならない。

(1) 根本通明

根本通明は、文政五年(一八二二)出羽国刈羽野村(現秋田県大仙市刈和野)に生まれた。藩校の明徳館で学び、後に、明徳館学長を勤めた。四十六歳で明治維新に遭遇した。後に上京し、そのすぐれた学問の力で、漢学者としての地位を築き上げていった。はじめは朱子学をやっていたが、後に、自分の学問をやり直して、清朝時代の考証学に到達した人である。

明治十九年（一八八六）には、明治天皇御講書始において周易を御進講した。

晩年は、明治二十八年（一八九五）七十三歳から明治三十八年（一九〇五）八十三歳までを、東京大学文科大学の、はじめは講師として、後に教授として過ごした。亡くなったのは明治三十九年（一九〇六）八十四歳であった。

著書としては、『周易講義』『読易私記』などがある。

（2）公田連太郎

公田連太郎は、明治七年（一八七四）島根県出雲市に生まれた。二十一歳で上京し、根本通明に約十年師事した。南隠禅師（山岡鉄舟の師）にも師事。

著作の主なものとしては、

『荘子内篇講話』アトリエ社、昭和十二年
『至道無難禅師集』（第一版）昭和十五年刊行
呂新吾『呻吟語　訳註』明徳出版社、昭和三十年
『至道無難禅師集』（再刊）、春秋社、昭和三十一年
『易経講話』（全五巻）易経講話刊行普及会発行、昭和三十三年年七月―三十四年十二月
『荘子内篇講話』明徳出版社、昭和三十五年七月
『荘子外篇講話　上』明徳出版社、昭和三十六年六月

などがある。

昭和三十七年に、朝日文化賞を受賞した。その翌年の昭和三十八年（一九六三）八十九歳で亡くなった。なお、『易経講話』（全五巻）は、平成九年（一九九七）に、明徳出版社から再刊された。

二　占筮「高島易」と「大岳易」

(1) 高島嘉右衛門

高島嘉右衛門は、幕末から明治期に活躍した実業家である。占業者ではない。「呑象」と号した。後年易を研究し、易占に優れた能力を発揮した。後年『高島易断』を著し、易の普及に尽力した。

高島嘉右衛門は、天保三年（一八三二）に江戸三十間堀の材木商の子として生まれた。幕末の頃、外国人との「小判売り渡し」事件で捕らえられて、安政六年（一八五九）十二月から慶応元年（一八六五）十月まで、満五年十カ月の間、入牢及び佃島へ流刑されていた。彼はある時、牢内で囚人が残していった『易経』を見つけ、毎日それを熟読して、ついに暗誦するまでになった。彼の易の基礎は、この時に作られたのである。佃島へ流刑されてからも、実占を研磨した。赦免されて自由の身になると、横浜で材木商を営んだ。

その後明治になってから、横浜の開発に乗り出し、横浜の下水溝敷設、ガス灯の設置、高島洋学院の開校、東京ガス会社初代社長、日本鉄道会社初代社長、北海道炭鉱鉄道会社初代社長など、さまざまな事業を手がけた。

だが、明治十年（一八七七）、四十五歳の時、嘉右衛門はこうした実業の世界からはきっぱりと引退してしまった。以後、嘉右衛門は、易の研究に専念することになる。

嘉右衛門は、明治期の政界・財界の著名人との交際が深かった。彼等との交際の中で、数多くの易占の実例の記録を残している。その一つ、伊藤博文の暗殺を予告した占は有名である。

明治四十二年（一九〇九）、伊藤博文は満州方面の視察に出かけることになっていた。伊藤は、その出立の前々日の十月十二日に、横浜の高島邸を訪れた。その頃嘉右衛門は、脚が弱っていたので、寝床の上で伊藤を迎えた。

伊藤が帰る時、嘉右衛門は、「この度の旅行を取り止めることはできませんか」と懇願した。「満州の視察は公的な旅行であるから、取り止めることはできない」との伊藤の言葉に、嘉右衛門は、今回の視察旅行についての得卦が、「艮為山の九三」であることを告げたのである。それは、前途に危険が待ち受けているという、凶兆を示していた。嘉右衛門の、「旅行中には、『艮』とか『山』とかの名の人物には御注意なさるように」との忠告を受けて、伊藤はハルビンへと旅立って行った。

ハルビン到着は、十月二十六日の午前九時であった。その駅頭でのことである。一人の男が突然飛び出してきて、拳銃を構えて六発の銃弾を発射した。伊藤は、この「安重根」という男の銃撃を受けて、手当てのかいもなく、三十分の後に息を引き取った。

それから五年の後、大正三年（一九一四）十一月十六日、嘉右衛門は横浜の自邸で亡くなった。享年八十三歳であった。

その子孫には、占業を営なむ者は一人もいなかった。したがって「高島」姓を名乗る占業者とは、一切関係がない。嘉右衛門の嗣子、高島長政氏は、この占業者との関係について、後年、次のように述べている。

「高島の姓は私共一門のみの姓ではなく、従って他の高島姓の人々が自己の姓をその占業に冠する事は聊（いささ）かも不服ではありませぬし、又私と致しましても彼等の営業を妨害する意図は微塵も有しませぬなれ共、それが『高島易断』を謳って当家又は当家縁類の者であるかの如く、又、亡父門下生であるかの如く社会一般に於て信じられ居ることは迷惑至極で御座います」。

高島易の特色は、(1)筮法としては、三変筮を採用したこと。(2)占考においては、卦辞・爻辞を用い、その解釈による判断を主にしたこと、である。この三変筮という簡略な揲筮法と『易経』の辞、つまり卦辞・爻辞を用いて占断する占考法とが、簡便さを求める一般の人々によく受け入れられて、大いに広まった。この方法は、現在においても一般に行なわれており、最も普及している方法である。

(2) 加藤大岳

明治の易占界を代表するのが、高島嘉右衛門であるならば、昭和を代表する易占家は、加藤大岳(だいがく)氏をおいて他にないであろう。

加藤大岳氏は、明治四十年(一九〇七)に生れ、昭和五十八年(一九八三)七十六歳で亡くなった。

彼は、汎日本易学協会を主宰し、戦前・戦後をとおして易占家の指導にあたった。その易理論は理知的であり、論理的であって、知識人の支持も多かった。そうした彼の易の理論と実践は「大岳易」と呼ばれ、一つの流儀を形作っていった。

その門下からは、優秀な易占家を多数輩出した。現在、まともな易占家で、加藤大岳氏の影響を受けていないという者は、一人もいないと言っていいだろう。それほどの、大きな存在であり、「昭和の易聖」ともいわれている。

彼はその著書『易学通変』の中で、「従来の易占に対して、陋弊維新の要があることは既に明瞭である。然らば之を如何に革新するか」というように問題を提起し、「在来の所謂易者なるものの多くが、比較的無知識であり、且つ其の識見に於いて批議せらるゝ人物の多かったといふことは、敢へて説明を試みる迄もなく、既に一般に熟知される通りである」と、その現状を述べ、では、易占に携わる者としては、どのようなことが要求されるのかと問うて、「易占家の資格」について、次のような五項目を挙げている。

第一に「学識・教養は易占家第一の資格」であること。

第二に「推理的頭脳の所有者」であること。

第三に「旺盛なる精神の活動力」を要すること。

第四に「円満なる常識の所有者」であること。

第五に「信頼に値する人格者たること」。

加藤大岳氏は、多数の著書を残している。左記の著書は、その主だったものである。

『易学大講座（全八巻）』
『奥秘伝書——易学通変』
『奥秘伝書——易学病占』
『奥秘伝書——易学発秘』
『奥秘伝書——易法口訣』
『株価騰落占法口訣』
『奥秘伝書——眞勢易秘訣』
『春秋左伝占話考』
『易占法秘解』『易の解明——易の理論』

これ等の書籍は、紀元書房より出版されている。

6　現代の易学

一　ニューサイエンスと易

最近はあまり聞かれなくなったが、一九八〇年代に、ニューサイエンスという言葉が流行したことがあった。それは、当時世界的に広がっていたニュー・エイジ運動の科学的側面「ニュー・エイジ・サイエンス運動」にほかならないのだが、その中には、古典力学的世界観に対する批判が含まれていた。

従来の古典力学的世界観では、一切の物は、それを構成する部分部分に分けることができ、その部分的要素を解析することによって、全体を理解することが可能になる、と考えられていた。このような万物をその部分的要素に還元する思考、「要素還元主義」は、機械論的自然観ともいえる。だが、いくら部分的要素を集めてみても、その総和によって全体を知ることはできない。個々の部品の機能が分かっても、それによって全体の機能も理解できるわけではないのだ。

こうした従来の自然を細分化して理解していこうとする世界観に対して、ニューサイエンスでは、自然というものは、相互に関連しあっている有機的な存在である、と考えるようになった。こうした世界観は、東洋においては目新しいことではなく、古来からある「ものの見方」である。それは、より直観的に全体を理解しようとする。

易は、太極を本体とする一元論である。その太極の活動は、六十四の面をもっており、その一つ一つは「卦」と呼ばれる。この一つ一つの卦は、太極の六十四分の一なのではなく、それ自体で全体なのだ。一つ一つの卦は、それ自体の中に六十四卦を含んでいるからである。

このような易の構造は、ニューサイエンスの考えに極めて類似しており、彼らの新しい視点を示唆するものとして、注目されるようになった。

二　ユング心理学と易

心理学者のユングは、晩年に「共時性（シンクロニシティ）」という理論を唱えている。共時性とは、「意味のある偶然の一致」と定義される原理のことである。一九五〇年に刊行された『易経』の英訳版に序文を寄せて、彼は次のように述べている。易の前提には「私が共時性と名付けたある奇妙な原理」が含まれている、と。

ユングが易に対して、注目するようになったのは、一九二〇年に、中国学者のヴィルヘルムと出会ってからである。その年、ユングは五十本の葦の茎を用いて、一夏かけて易占の実修をしたという。そこで彼が得た結論はこうだ。「私は、『易経』の占いなどまぐれ当たりにすぎない、という考え方に対しては批判的である。私の経験した明白な的中数は、偶然による蓋然性をはるかに越えたパーセントに達しているように思われる。要するに、『易経』において問題になっているのは偶然性ではなくて規則性であるということを、私は信じて疑わない」（湯浅泰雄「ユングの共時性をめぐって」『ニューサイエンスと東洋』誠信書房、昭和六十二年所収）。

ユングの偉いところは、易の占いなどは前近代的な迷信にすぎない、として切り捨てたり、あるいは文献の中だけに閉じこもってしまわないで、実際に自分で試してみた、というところにある。その結果、それは偶然の一致とは考えられないほどの、高い的中率を示したのである。

ユングは、占ってその答えとして得た卦は、易に問うた人の心理状態の、無意識からの投影である、と考えた。そうであるならば、この占いが当たるということは、筮して得た卦と現実の状況との間に、意味のある一致がある、ということである。占者の内的世界と、現実の外的世界とは、無意識を媒介として、ある同調関係にあるといえる。こうして、易の卦をたてることによって、自分の内的世界と外の世界との関わり合いをみることができる。

ユング心理学が日本に紹介され研究されるようになると、ユング派の分析家や研究者によって、易が学ばれるようになった。

易の持っている二つの顔の片方、占いの術としての一面が、このような形で、現代において用いられるようになったのである。

現代においては、「易」とは、占いの総称として知られているだけである。『易経』は、易占の実務家の間で、読み継がれてきたにすぎない。学問の世界では、中国思想史の一分野として、わずかに一部の研究者が扱っているだけである。

だが、昭和の末期になって、新たな展開がしめされた。海外からの「ニュー・エイジ・サイエンス運動」の影響を受けて、あるいはユング心理学の分析家や研究者によって、東洋の古来からの思想が、特に『易経』の世界観やその仕組みが、新しい世界観を示すものとして、注目を集めたのである。

今日における易学は、「漢学者の易」の枠を越えて、はるかに広がりつつある。易は、過去の遺産としての「古典」ではない。「古代中国の思想」などでは決してない。易はいつの時代にあっても、その時代、その時代において、活きて活動している学問であった。今日においても、そのことには変わりはない。易学が「現代の易」として活学となるための、学としての新たな枠組みが要められているのである。

あとがき

この本を書くにあたって、常に留意したことは、『易経』が読めるようになるための、基礎的な知識が得らえるように」ということであった。本書は、『易経』を読むための、その準備体操のようなものである。

ところで、易には二つの顔があること、そして、それに基づく二つの立場があることは、先に序章で述べたとおりである。「象数易」と「義理易」がそれである。この象・数・理の三つは、易の重要な要素であるが、実際には、どうしても「象・数」に重きを置く立場と、「理」を重んずる立場と、どちらかに偏ってしまって、そのバランスを取るのがなかなか難しい。

思想・哲学を説いたものとして易を学ぶ、いわゆる学問の易を学ぶ者は、「理」に傾きやすく、占いの術として易を学ぶ者は、「象・数」に傾きやすい。私が教えを受けた易の先生は、学問の易を研究された方であったが、「象・数」の研究も大切にすべきだと、よく話しておられた。

「今までの易の研究は、『理』の方面に偏り過ぎていました。理の研究には、昔からたくさんの学者が説を述べ、議論を闘わせてきました。しかし、これからは、もっと『象・数』の研究に目を向けなくては」と事あるごとに口にされた。この易の先生とは、景嘉先生のことである。

景嘉先生は、本名を葉赫顔札景嘉（イエホーエンチャチンチア）といい、満州八旗の後裔である。葉赫顔札氏は安達理公を始祖とする名門であり、代々清朝に仕え、帝室とは縁戚の間柄にあった。景嘉先生は、その十一代目に当たる。父の葉赫顔札毓廉（ユイリエン）氏は生涯官途には就かず、学問・研究に専念された。晩年には宣統帝溥儀（清朝のラストエンペラー）の家庭教師を務められた方である。

先生は「易は応用して、活用するものです」と力説された。「易は活きている学問です。古い時代のもの、いわゆる骨董品ではありません」と。

また「易が『論語』になってしまってはいけません」と常に戒められた。『論語』には含蓄のあるよい言葉がたくさんあるが、それらは古人の述べたこと、行なったことを記録した文章である。

易はそれとは違って、今の世に応用して用いるものである。『易経』にも深みのあるよい言葉がたくさんあるが、易の勉強が、単にそれらを読むだけの勉強に終わってしまってはならない。それでは、易が、『易経』の中の文句を読んでそれを味わうだけの、古典を読むだけの勉強になってしまう。「子曰く……」といって『論語』を読むのと、同じになってしまうのだ。

易は、人の世の人倫道徳を説き天下を経綸するための「義理の書」であるだけではなく、広く応用して用いられるべきものである。それには、もっと「象・数」を研究して、それに通ずるようでなくてはならない。先生が我々に易を説いて伝えようとしたものは、このことであったように思われる。

この本は、藤原書店発行の学芸総合誌・季刊『環』の、43号から49号に連載された「易とは何か」を基にして、易への入門のガイドブックとして、書いたものである。易というものの概略が分かったら、更に一歩深めて、ぜひ『易経』そのものを読んで欲しい。活きた易を勉強する第一歩として、少しは役に立つことができたならば、この上ない幸である。

なお、この本が形になるにあたっては、多くの人のお世話になった。中でも、本を書くことを勧めてくれた甲野郁代さん、出版する機会を与えてくださった、藤原書店社長の藤原良雄氏、編集の小枝冬実さんには、大変お世話になった。また、朝吹美恵子さん、小笠原東生氏には、「易の会」発足の当初から、永年にわたってお力添えをいただいた。この場をお借りして厚く御礼申し上げます。大変ありがとうございました。

平成二十四年五月二十日

黒岩重人

著者紹介

黒岩重人（くろいわ・しげと）

1946年長野県生。法政大学文学部卒業。故景嘉師に師事して、易経及び陰陽五行思想を学ぶ。西東京市「易・陰陽五行の会」講師、「東京新宿易の会」主宰など、易・陰陽五行に関する諸講座の講師をつとめた。2016年没。

易を読むために　易学基礎講座

2012年6月30日　初版第1刷発行 ©
2024年4月30日　初版第2刷発行

著　者　黒　岩　重　人
発行者　藤　原　良　雄
発行所　株式会社　藤　原　書　店

〒162-0041　東京都新宿区早稲田鶴巻町523
電　話　03（5272）0301
FAX　03（5272）0450
振　替　00160 - 4 - 17013
info@fujiwara-shoten.co.jp

印刷・製本　中央精版印刷

落丁本・乱丁本はお取替えいたします
定価はカバーに表示してあります

Printed in Japan
ISBN978-4-89434-861-5

景嘉師直伝の気鋭の著者による決定版！

全釈 易経 ㊤㊥㊦

黒岩重人

易とは何か？　現代を読み解く鍵である！　四書五経の筆頭『易経』は〝陰〟と〝陽〟という二つの要素から森羅万象の変化の法則を説いたもので、秦の始皇帝によって唯一、焚書されずに残った最古の書物である。易の考え方の根本から、原文・読み下し・語注・釈文で構成する決定版！

四六上製　各三八〇〇円

㊤四〇〇頁（二〇一三年　八　月刊）　㊤◇978-4-89434-931-5

㊥四二四頁（二〇一三年　九　月刊）　㊥◇978-4-89434-936-0

㊦四〇〇頁（二〇一三年一一月刊）　㊦◇978-4-89434-938-4

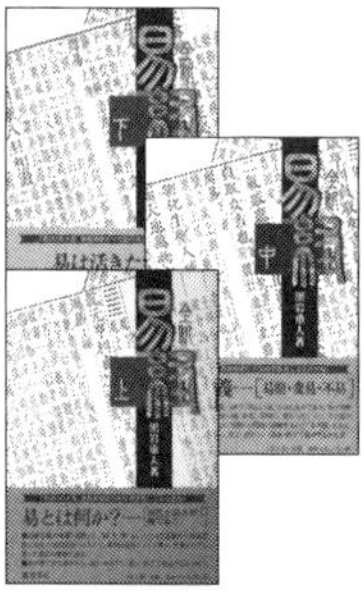

国宝『医心方』の全貌を俯瞰！

『医心方』事始

（日本最古の医学全書）

槇　佐知子

九八四年に丹波康頼が朝廷に献上した国宝『医心方』は、中国最古の漢方の聖典『黄帝内経』、朝鮮王朝時代の『東医宝鑑』にならぶ、日本最古の医学全書である。現代医学を超える理論や処方があり、民俗学や考古学や宗教史や古典文学などに新たな視座を提供するものであり、動植物学や鉱物学にとっても、資料の宝庫である。

Ａ５上製　四〇〇頁　四六〇〇円

（二〇一七年五月刊）　◇978-4-86578-112-0

明治から、日本の〝儒教化〟は始まった

朱子学化する日本近代

小倉紀蔵

徳川期は旧弊なる儒教社会であり、明治はそこから脱皮し西洋化する、という通説は誤りである。明治以降、国民が、実は虚妄であるところの〈主体化〉によって〈序列化〉し、天皇中心の思想的枠組みを構築する論理を明快に暴く。福澤諭吉―丸山眞男らの近代日本理解を批判、通説を覆す気鋭の問題作。

Ａ５上製　四五六頁　五五〇〇円

（二〇一二年五月刊）　◇978-4-89434-855-4

将来の〝大器〟たちへ

老子に学ぶ

（大器晩成とは何か）

上野浩道

『道』は『自ずから然り』を手本とする」「最上の善とは水のようなものである」。

老子の思想を象徴するものとして、大器晩成（大いなる容器はできあがるのがおそい）という言葉がある。

老子の思想の人間のあり方と人間形成の仕方についての大らかな視点に学び、教えること、学ぶこと、育てることの根源的意味を問いかける。

Ｂ６変上製　二二四頁　一八〇〇円

（二〇一五年四月刊）　◇978-4-86578-020-8

1989年11月創立　1990年4月創刊

月刊

機

2024
3
No. 384

あの後藤新平が、時代を看破する劇曲を作っていた！　世界初演

後藤新平の『劇曲 平和』とは？

――懸賞論文を書いた若き久米正雄――

東北大学大学院法学研究科教授　伏見岳人（解説・訳）

後藤新平（1857-1929）

後藤新平が立案し、詩人・平木白星が執筆した『劇曲 平和』は一九二二年四月一五日に如山堂から公刊された。二ヶ月後の六月二三日、『東京日日新聞』で、本書を対象とする「新著懸賞批評」が募集開始。第二等に選ばれたのが、のちの文学者、芥川龍之介や菊池寛の友人、久米正雄その人であった。第一次大戦前夜の世界情勢を、〝鎧をつけた平和〟と看破した『劇曲 平和』を、若き久米正雄はいかに読んだのか。後藤新平並びに当時の時代状況を知悉する伏見岳人氏に訳と解説をお願いした。

編集部

発行所　株式会社 藤原書店©
〒一六二―〇〇四一　東京都新宿区早稲田鶴巻町五二三
電話　〇三・五二七二・〇三〇一（代）
ＦＡＸ　〇三・五二七二・〇四五〇
◎本冊子表示の価格は消費税込みの価格です。

編集兼発行人
藤原良雄
頒価 100円

二〇二四年三月一五日発行（毎月一回一五日発行）

● 三月号 目次 ●

第一高等学校生だった若き久米正雄による『劇曲 平和』の批評文は、一九一二年九月二二日から二七日にかけて、『東京日日新聞』に掲載された（九月二四日は未掲載）。

同級の芥川龍之介や菊池寛らと文芸活動に励んでいた久米は、夏休み期間中の腕だめしとして、この懸賞に応募したようである。久米は、後藤新平発案という珍しさに惹かれたことを明かした上で、**「新興歌劇の脚本の先駆とも称すべき栄誉を担うに足るもの」**と、その文芸的価値を高く評価した。

「黄禍論」を背景に、欧米列強の角逐の激化と、日本が果たしうる「平和」への役割を訴えた本作において、久米がとくに興味をもったのは、人間の闘争的本能を象徴している「誘惑者」のセリフの数々である。それらの中に、「鎧をつけた世界平和」の脆弱性を示したい作者平木白星や立案者後藤新平の意図を見出せたからである。

本誌次号掲載の後半では、他の登場人物の言動に加えて、歌詞や舞台効果まで、幅広く論評が続いていく。そして末尾において、久米は、**「劇曲『平和』を単なる紙の劇曲たらしむるのは、現歌劇壇の恥辱である」**と記して、その実演への強い期待を表明したのであった。

（伏見岳人）

〈**凡例**〉なるべく原文に忠実に翻刻したが、読みやすさを考慮して、漢字の表記法や仮名遣いを改め、句読点を適宜補足し、小見出しも付加した。〔 〕は伏見による補注である。劇中のセリフの引用には、藤原書店刊『後藤新平の『劇曲 平和』』での対応頁を追記した。

「平和」を歌劇の台本として

久米正雄

新興歌劇の脚本の先駆

新しき戯曲なく、熟練なる作曲家なく、**さらに歌劇俳優なしとは、昨今ようやく起りつつある歌劇壇の絶叫である。**「熊野（ゆや）」〔謡曲を原作とし、一九一二年二月に帝国劇場にて上演された創作歌劇〕の上場とともに、嘲罵の中に葬られたる我がプリマドンナ柴田環〔のちの三浦環、歌手〕女史も、最近「釈迦」〔帝国劇場で一九一二年六月に上演された創作歌劇〕にやや見るべかりしほか、何らの貢献ありしとも覚えず、バンドマンの単なるコミックオペラに満足せざるべからざるの悲境にある我が歌劇壇は、いわば未だ黎明の光すら前途に見いだされないのだ。

ことにその台本たるべき劇曲に至っては、俳優以下というも決して過言ではなかった。「熊野」の蕪雑（ぶざつ）はいわずもがな、松葉氏〔松居松葉、劇作家〕の作と称せらるる「釈迦」も、決してよい歌曲とはいわれない。

ただ、**ここに突如として現われた一書がある。**それは一種の政治的意味よりして一般読書子の食指を動かしたるとともに、**実に新興歌劇の脚本の先駆とも称すべき栄誉を担うに足るものである。それはいうまでもなく劇曲『平和』一篇である。**

自分は、今ここにこの『平和』を評しようとする大胆事を決行する前に、評者の『平和』を読んだ動機を懺悔しなくてはならぬ。すなわち評者は、ただ漫然たる新著の渉猟者として、決して深い意味からでなく、ただ後藤男の立案という好奇心に牽かされたのだということである。

久米正雄（1891-1952）
（東京帝大在学中）

しかし動機は批評の価値に決して裏書をするものではない。ただ自分は自分の思うどおりの印象批評をなすのみだ。印象批評は単なる評者の影であって、決して権威あるものでない。けれども、それだけ自由で奔放であろうと思う。

序曲（プロローグ）が長くなった。最後に、自分は自分の立場を一言しようと思う。

『平和』は取扱った材料が材料だけに、政治上の意味を附帯しているけれども、しばらくその方面は他の文明批評家に任して、**ただ文芸上の立場から、ないしは好劇者という点から論評してみたい。**

「誘惑者」が体現する本作の核心

劇がひとつの綜合芸術である以上、全体としての脚色（プロット）等を評するのが正当であるかも知れないが、まず評者は人物個々を解剖して全体に及びたい。人物個々といっても問題劇、心理劇、社会劇でないのだから、人物の性格（キャラクター）を論ずるのでない。ただ便宜上、人物個々の言を抄出して、筋を説明することにしようというのである。

第一の主要人物は誘惑者であろう。誘惑者は名のごとく、他の各国を代表する人々を誘惑する人物であって、作者の最も苦心したのは、この誘惑者であるらしい。**自分はこの誘惑者の独白、または対話に、最も興味を覚えた。**作者は、はたして何を象徴（シムボライズ）したのかわからぬが、かりにいわゆる真理――人性の奥に潜める闘争心、を象徴したものとして、超人間（スーパーヒューマン）なところもあり、あるいは深酷なる文明批評家ともなり、ある時は隠者のごとく人界を冷笑し、諷刺をなす。自分は最も多く、作者もしくは立案者の姿を、この中に認めたのである。

その台詞の中には、到るところ高遠な哲理を含んだ名句に逢着する。見よ、かの序詞の奇警を！　自分は、『平和』一篇の主脳はまったくこの序詞にあり、と叫ぶのを禁じえなかった。序詞を読んだだけで、劇全体の印象は得られる。この意味において、序詞は成功している。その『わからなければ、解ったふりをしておればよい』〔54〕というごとき、何ら深厳なる現代諷刺であろう。無智なる観衆は、まさにこの一言で慚死せねばならぬだろう。

そのほか、『平和はこの世にもあの世にもありようはない』〔54〕と喝破し、『むしろ鎧える平和だ』〔54〕といい、鉄づくりの甲冑を身につけ、平和の唄につれて踊るのを、『第三の時期』と名づけ、『今や世界はこの時期に入った』〔54〕と叫ぶなど、挙げきたれば、一言片句として玉成せられたる格言ならざるはない。

人は天と、天は人と戦い、かつただ戦うために戦う、という現代の反響なき努力の悲哀を告白するところ。さらに平和を口にするものを称して『偽りでなくば、無智なのだ』〔56〕といい、『平和は歌と歌との間の息つぎだ。歌の合いの手だ、歌そのものでない』〔56〕と比喩し、『永遠に平和を欲せよ。その人はいつまでも幕の開かざる演劇を見ねばならぬ』〔56〕と結べる一句一句、哲学と諷刺を味わいきたれば、人はいかに作者が序詞に苦心し、成功せるかを見るだろう。

次に第九段に現われて、『魔力は元来零なのだが、人間がそれに一を加え、神がこれに百を加える』〔88〕というのも快哉を叫ばせ、主神の問に対し『俺は一あって、二なきものだ』〔89〕などと傲語し、扇面をささげて、ざれ歌を唱ふがごとき。また後段、黄禍を唱えて、欧米諸国の代表者を騒がすところまで、一篇はこの誘惑者の表わるるところのみにおいて大活躍をなしている。すなわち、この**誘惑者の冷笑的超然的の言動は、正しく『平和』の主調（キーノイズ）をなしているのである。**

各国を象徴する登場人物たち

誘惑者に苦心した作者の筆は、そのほかの人物に関しては、できうる限りの簡潔を旨としてある。これは劇の統一上、しかるべきで、前の幕において平和主神の御座の前で躍る王子女のごとき、一々解剖する必要もないが、台詞でただ各国を示している。たとえば、平和の舞踏に倦みたる時。独逸（ドイツ）を暗示せる一の王子は、『ああ淋しい。平和は睡い』〔61〕といい、さらに『何か起らぬかのう』〔62〕といいて、閑日月に倦めるを表わし、後の幕において各国を代表せる人々の対話に「陰（かげ）」として使いたるこの一王子の末路が、『血や肉に飽こうとして山に入った』〔166〕というがごときは、まざまざと独逸を暗示し、比喩している。比喩が興味をひくに違いないが、もっと衝き入って、詳しく独逸なら独逸の態度を批評したら、より多く痛快であったろうと思われる。独逸の態度は『狼になった』〔166〕以上、もっと適切な比喩がありそうだ。

伊国を表わせる第二王子も『ああ無聊（ぶりょう）だ、平和は寒い』〔61〕といい、英国を示せる一王女も『ほんとに平和には飽き飽きしました。こうしていると、一時に百才も年を老るような気がする』〔61〕といい、米国を示せる第三王子も、これに賛して『舌の爛（ただ）れるような酒に酔いたい』〔61〕と叫び、西班牙（スペイン）を表わせる第三王女は『私は人間になりたい』〔62〕と不平をいい、仏国を暗示せる第二王女が『私は生きているのか、死んでいるのか。お兄さま、この顔をよく見てください』〔61〕といいて、暗にその外交の不振沈滞を指示せるごとき、ただ一首肯を促すにとどまって、諷刺皮肉の強き力に欠けているのは、疵ともいうべきであろう。要するに、この六王子女は舞台を美しくするという傍目的（ネーベンチール）に貢献するのだから、そう力を用いなかったのだろう。これら王子女の下界へ下る動機は薄弱で、首肯しがたきもののひとつである。非現実的の劇曲であるから、動機はどうでもよい、という遁辞（とんじ）は許されぬと思う。**自分の浅い考えからいえば、ここで強い動機を作り、六王子は下界に下り、七王子のみこの強い動機に反抗して、天上に留まることにしたかった。**それでなくて原作に従えば、少女やまとは睡っていたために残されたので、残ったという自意識の入った動作でなくなる。であるから、後の幕の活動も今まで睡っていた少女としては、あまりの激変に驚く。日本が睡（ねむ）りから突然さめて興ったとはいえ、これではあまりと思われる。（この一節は政治的にもなり、事実の錯誤が無いとも限らぬが、許してもらいたい。ことに最後の下界の動機は支離滅裂で、もっと詳しく論じたいが、大問題でもないから、しいて簡単にした。意のあるところを酌んでくれれば、幸である。）

（以下次号）

有機農業の先駆者、星寛治さんを偲ぶ

早稲田環境塾 塾長
毎日新聞客員編集委員　原　剛

有吉佐和子との出会い

「正徳院殿有機農寛大居士」星寛治は、昨年一二月七日、八八歳で逝った。

日本人の誰もが農薬BHCとDDTに汚染されていた一九七三年、星が率いる青年農三八人が奥羽山脈の直下、置賜（おきたま）盆地の一角山形県高畠町から、農業基本法農政に敢然と反旗を翻した。

「耕地を拡大し、儲かる作物を作れ。化学肥料と農薬を多投せよ」。基本法は高度経済成長策の農業版だった。

彼らは農機具代を賄うための出稼ぎを拒否、有機無農薬農法による自給農業への回帰を計った。高畠町有機農業研究会の行動は、毎日新聞東京本社の社会部記者だった私を決定的に環境報道へ、高畠へと向かわせ、後に早稲田大学大学院で高畠をフィールドに「環境と持続可能な発展論」を開講することになる。

――六二年の春、私は結婚した。平凡な見合い結婚である。私は二六歳、妻キヨは二二歳だった。自宅での挙式に、来賓として臨席された真壁仁先生が一枚の色紙をしたためてくださった。

「薔薇は散った／はや優しさを力に変えるときがきた」という墨痕が目に痛く、一対の駄馬として生きていく覚悟を迫るものになった。

（星寛治「個人史」）

真壁は星の文学の師、共に宮沢賢治を詩神と仰ぐ。「薔薇」は青春と詩を意味した。

時代はしかし、〝駄馬〟を駿馬化していく。高畠町和田の条件不利地に指定された山際の集落を拠点に、星は有機無農薬農法、詩人、耕す教育を同時に司る野の思想家と実践者であることを託され、時代の求めに応じ疾駆する。

米沢市の名門校興譲館から大学への進学を望んだ星は、父親から長男の家族扶養義務を求められた。「幽閉の村」で失意の農業を強いられた星は、「村の困窮と立ち遅れは、結局、農民の知的総合力の低さに起因する」と判断、一九五四年に「読書会」を主宰。宮沢賢治からドストエフスキーへと歩を進めた。

有機農研が試みた地域ぐるみの有機無農薬農法は、共感する東京、大阪などの消費者との生産者・消費者提携運動に展開していく。星たちの一連の動きは、自主流通を強いられたコメ市場で、山間の産米に特性を求める判断でもあった。

　作家有吉佐和子は高畠での取材を交え、ルポ風小説「複合汚染」を朝日新聞朝刊に連載（一九七四年）、食べ物の農薬汚染を告発して大きな反響を呼んだ。有吉が賞味した星のリンゴ樹は農薬を用いない有袋栽培により今も実を結ぶ。

有吉のリンゴの樹と星寛治（1935-2023）

　有吉の娘、作家の有吉玉青は二月一七日東京で催された「星寛治さんを偲ぶ会」で「私はその記念樹のリンゴを食べて育ちました」と顧みた。佐和子が突然死したその前夜、有吉は東京荻窪の自宅で高畠有機農研の青年たちと懇談し、星と長い電話を交わしていた。

　翌日朝、毎日新聞社会部の夕刊デスクに就いた私は突然の報に仰天し、あちこちに記者を張り付けた。人の縁というものであろう。

　星が「いのちの磁場」と呼んだ高畠で、腐植を収奪され劣化した地力を取り戻し、「あらゆる命と優しく係わっていこう」と試みた有機農研の行動は、指導者星の詩的な表現力と相まって、食の安全を求める人々に共感を捲き起こした。都市の消費者がコメやリンゴを買い支えた。値段は蛍が住める環境の保護費込みで、この四〇余年間変わることなく六〇キロ三万三〇〇〇円で取引されている。環境支払いの実験である。

賑わう「いのちの磁場」

　早稲田大学の学生たちと共に農民の胸を借り、高畠で学んできた私は、社会学で言う「場所性」（topos）とそれが培う「精神性」（ethos）を彼らが鮮明に体現していることを実感させられた。トポスとはある問題についての行動や考え、論点が歴史的に積み重ねられた場所を意味する。社会学はトポスを人間の考えや行動、エートス（精神構造）を成り立たせる基本としてとらえる。高畠に培われてきた環境文化の源泉である。

　八二年、星は町の教育委員長に推され、

全ての小・中学校に田んぼと畑を配し、耕す教育を始めた。星の盟友遠藤周次は高畠のtoposについて述べた。

——高畠には「祈り」と「やさしさ」、そして「自主独立」の気風がいたるところに表現されています。「一切衆生悉有仏性」、涅槃教の教えを石碑に刻んだ草木塔（そうもくとう）は全国に約一八〇基が確認されています。そのうち一五三基が山形県内にあり、高畠では五カ所で見つかっています。碑面には「草木塔」「草木供養塔」「草木国土悉皆成仏」などと刻まれています。その意味は一木一草の中に神（霊）を観た、土着の思想を今に残す証とされています。

高畠の農民たちは米沢藩の圧政に直訴と一揆で応え、処刑された指導者高梨利右衛門を名刹亀岡文珠境内に巨石の碑を建て祀り続ける。町立二井宿小学校の校庭に建つ巨大な高梨利右衛門酬恩碑は、権力者が引き倒すたびに村人が女たちの髪の毛を束ねて綱を編み、引き戻したと伝えられる。高畠には権威に屈せぬ自主独立、自治と反骨の気風が伝わっている。

星は私たちをそのような「場」に案内し、この土地の人々の「魂」の由来を語った。私は星の行動に隣町飯豊の萩生神社に伝わる「荒獅子まつり」の景を思った。村相撲を勝ち抜いた大関が神の権化荒獅子に立ち向かう。時に民を苦しめた神や殿様に村人が立ち向かう。何度やられても立ち向かい、立ち直る。東北人の魂がそこに生き続けている。星が立ち向かった荒獅子とは日本人とその社会ではなかったか。

生身のリアリズムとしての詩

星の本質は詩人だった。茨木のり子から贈られた「李つくる手にもう一つ成る詩の果実」の言葉を終生心に留めた。

詩は観念の遊戯ではない。自分の体で書く、と星は言った。「仮想が混じる抒情詩でも通底するのは土といのちの脈打ちであり、生身のリアリズムだと自負している。私にとって、有機農業と詩は同義語である。土に命を吹き込み、作物を育てる営みは、そのまま内なる土壌に創造の芽を育む行為だと考えている」。

星八二歳の述懐だ。それは経済価値以前の実在的価値である、と星は断言した。

山の端の星の田んぼにヘイケボタルが蘇って久しい。灯る文化の灯である。

しかし、今隣り合う田は牧草地に変わり、耕作放棄地に囲まれつつある。星が育て、同志を育んだ「命の磁場」の変質はとどまるところを知らない。

高畠共生塾の人々は星の思想と行動を

学び直し、既に次の地域社会づくりの着実な展開に着手している。

「文化（culture）は土地を耕すこと、それが農業の語源です。農の世界にこそ本当の文化があるのです。私はゲイリー・スナイダー教授が描く生命地域主義・田園文化の創成を目指したいと考えています。最上川の水系を一つの区切りとした命を育む範囲の地域の中で、循環して永続していく社会です」。星がめざした持続可能な地域社会像である。

有機質を豊かに含む水田の地温は、微生物の活動エネルギーにより、平均3℃ほど高く冷害に強い。

二〇一四年星が提唱し米沢市、高畠町など三市五町が加わり発足した「置賜自給圏機構」は、二〇二四年現在、太陽光とバイオマス発電所を四カ所で稼働させ、圏内二一万世帯の消費電力一四〇％、食糧の一六〇％を自給している。

星たち農民は広義の環境破壊の原因と結果を、社会の構造から的確に認識している。彼らは六〇年安保反対闘争で国会議事堂を包囲したデモ隊に加わり、食管米価闘争の先頭に立ち、農林大臣交渉に参加した経験を持つ。

中央の動向を批判的に把握しつつ、地域から世界を透視する目を持ち続け、主体的に「精神的辺境性」（環境文化の深淵であろう）を生きる意志を持ち続ける人たちである。

高畠農民たちの試みは昨年五〇周年を数え、一一月二五日盛大な記念の集いが催された。直前にパリの国際有機農業連盟（IFOAM）から大賞が贈られた。成長経済の罠にはまった国策と政党に反旗を翻し、新たな社会発展像をめざす人々に、農水大臣と県知事が祝意を伝えた。皮肉な光景ではあるが、星はおそらく「よし」としただろう。

（はら・たけし）

＊写真はすべて撮影・提供＝佐藤充男

冒される琉球弧の島々のくらし――一九九一年刊行の名著に大幅増補。

琉球　揺れる聖域

――軍事要塞化／リゾート開発に抗う人々――

安里英子

リゾートと基地に蝕まれる沖縄

本書は、一九九一年に琉球弧の島々を回って、リゾート開発と島の暮らしをルポした本『揺れる聖域』とその後の開発状況を加えた新版である。初版から三〇年以上も経って二〇二二年には日本「復帰」五〇年の節目となり、私なりに「復帰」とは何かを考え、「反復帰論」「ヤポネシア論」「琉球弧」の思想を再考した。再び出版することの意味は、沖縄の島々の環境破壊が止まるどころか、ますますひどくなってきたからだ。巨大資本は魔の手のようにところかまわず、島を囲いこみ、リゾート建設は巨大化の一途だ。

一方、琉球弧（南西諸島）への自衛隊基地配備の強化は、島人の平和的生存権を奪っている。以下に自衛隊基地の新設を記した。

二〇一六年三月　与那国島駐屯地開設
二〇一九年三月　奄美大島駐屯地開設
二〇一九年三月　宮古島駐屯地開設
二〇二〇年三月　宮古島駐屯地にミサイル部隊配備
二〇二三年一月　馬毛（まげ）島自衛隊基地着工
二〇二三年三月　石垣島駐屯地開設

戦争は最大の環境破壊である、ということは先の沖縄戦で知り尽くしている。だが今、再び戦争準備のための自衛隊基地建設は、小さな島々のわずかな緑地を踏みつぶしている。平和とは、広義には、人間の生存にとって必要な自然環境の豊かさをもさす。

与那国島では、住民の他地域への移動（疎開）計画が発表されるや、島からの脱出を考える住民も出てきている。政府は**島の無人化**を図っているとしか思えない。同時に政府は石垣島や周辺離島や宮古の住民約一二万人を、台湾有事の際には九州、山口へ避難させるという案を作成している。この疎開計画は太平洋戦争時に実行された「疎開」を彷彿とさせる。

近年、新たな問題となっているのが、**大型客船・クルーズ船によるオーバーツーリズム**である。これは政府の計画に沿ったもので、大型客船のための新しい港も建設された。那覇港、泡瀬港、本部港、宮古島港、石垣港などであるが、当初から懸念されたように、今は軍港としても利用されるようになった。**リゾートと軍事が絡み合う**という最悪な事例である。

また、**米軍基地周辺の水質汚染**の問題がある。県環境保全課の調査（「二〇二三年度環境実態調査」）によると**普天間飛行場、嘉手納飛行場周辺の湧水や河川には高濃度の有害な有機フッ素化合物（PFAS）が検出され問題**になっている。それらの湧水や河川は県浄水場の水源にもなっており、安全と思われた水道水も信頼がおけなくなってしまった。

安里英子（1948-）

もはや琉球弧の島々は要塞化している。米軍基地の密集している沖縄島（本島）**は米軍と自衛隊の共同使用として強化され、名護市辺野古の新基地建設は二〇年に近い、市民による抵抗運動にもかかわらず、豊穣な海に土砂を投入し続けている。**

このような絶望的な状況下にあっても、しかし、私たち沖縄人はひるまない。ますます自治権、平和的生存権を取り戻すべく、思索し思想を深め、東アジア、世界の民衆と連帯しつつ歩んでいる。パレスチナの民衆虐殺は、沖縄戦と重なる。

クルーズ船と沖縄の変化

那覇港に大型客船（クルーズ船）が停泊するようになったのは、二〇一五年のことである。さらに平良（ひらら）、石垣、泡瀬港に停泊するようになり、沖縄の観光は大きく変わった。外国人観光客で国際通りは埋まり、市民の台所と言われた那覇市場も同様になった。各地で大型店舗も次々あらわれ、観光客めあての商品が揃えられるなど経済構造は大きく変化した。

沖縄県の策定した「沖縄21世紀ビジョン実施計画」（後期二〇一七年度～二〇二一年度以降）によると二〇二〇年度内の入域観光客一〇〇〇万人目標、二〇二三年度一二〇〇万人目標とした。二〇一九年には、沖縄県の入域観光客数は一千万人に達しており、「復帰」時の約四〇〇万人に比較すると、その何倍にもなる。

（本書より／構成・編集部）

「藍生」主宰、「件の会」同人だった稀有の俳人、一周忌記念出版

花巡る——黒田杏子の世界

黒田杏子は二〇二三年三月十三日、飯田蛇笏・龍太の山廬における講演を終えたのち俄かに倒れられた。本書はその急逝を悼んだ人々が集い合っての追悼文集である。

第Ⅰ部には、黒田杏子の評文のうち、単行本に未収録のものなどを掲げた。その面影を想い起さんがためである。さらに永年の俳句同行者による最終句集の十句鑑賞と代表句百句を掲げた。

黒田杏子（1938-2023）
撮影：黒田勝雄

第Ⅱ部には、その活発な文学活動に賛助を惜しまなかったみなさんの追悼文を、さらに俳壇において偕に活動した俳人のみなさん、そのさまざまな文化的社会的活動に縁をもった文化人のみなさん、関連するメディアの編集者のみなさんからの寄稿をいただいた。

第Ⅲ部には、主宰誌「藍生」会員のみなさんの衷心よりの追悼のことばが寄せられた。

これら諸氏のお名前をとおして、黒田杏子の一代の業績のなんたるかを、あらためて顧みる思いである。

『黒田杏子の世界』刊行委員会「はじめに」より

黒田杏子（くろだ・ももこ）俳人、エッセイスト。一九三八年東京生れ。東京女子大学心理学科卒。「夏草」同人を経て、一九九〇年「藍生」創刊主宰。第一句集『木の椅子』で現代俳句女流賞と俳人協会新人賞。第三句集『一木一草』で俳人協会賞。第一回桂信子賞受賞。第五句集『日光月光』で第四五回蛇笏賞受賞。二〇二〇年、第20回現代俳句大賞。二〇二三年三月十三日逝去。
句集に『木の椅子』『水の扉』『一木一草』『花下草上』『日光月光』『銀河山河』『八月』、他に『黒田杏子 句集成』全5冊、『黒田杏子俳句コレクション』全4巻（髙田正子編著）。著書・編著等に『金子兜太養生訓』『存在者 金子兜太』『語る兜太』『手紙歳時記』『暮らしの歳時記——未来への記憶』『俳句の玉手箱』『俳句列島日本すみずみ吟遊』『布の歳時記』『季語の記憶』『花天月地』『おくのほそ道』をゆく』『俳句と出会う』など多数。『証言・昭和の俳句』のプロデュース・聞き手をつとめる。
「件（くだん）」創刊同人、『兜太 Tota』全4号（藤原書店）編集主幹。
栃木県大田原市名誉市民。
日経新聞俳壇選者、新潟日報俳壇選者、星野立子賞選考委員、伊藤園新俳句大賞選者、吉徳ひな祭俳句賞選者、東京新聞「平和の俳句」選者、福島県文学賞（俳句部門）代表選者ほか、日本各地の俳句大会の選者をつとめた。

花巡る——黒田杏子の世界

『黒田杏子の世界』刊行委員会編　**口絵カラー８頁**　四六上製　440頁　**3630円**

第Ⅰ部　黒田杏子のことば

働く女と俳句のすすめ——句座の連帯の中で
「獏」ってなに？
「藍生（あおい）」創刊ごあいさつ
花の闇　螢川
ご 恩——飯田龍太先生
三人の師に導かれて——山口青邨・暉峻康隆・金子兜太
黒田杏子遺句集『八月』から（長谷川櫂）
黒田杏子の百句（髙田正子選）
黒田杏子句碑一覧

第Ⅱ部　黒田杏子を偲ぶ

宇多喜代子／宮坂静生／飯田秀實／金子眞土／キーン誠己／山田不休

藺草慶子／井口時男／井上弘美／井上康明／黒岩徳将／神野紗希／小林貴子／小林輝子／駒木根淳子／坂本宮尾／関悦史／高岡修／高野ムツオ／津久井紀代／対馬康子／永瀬十悟／中原道夫／中村和弘／夏井いつき／西村和子／仁平勝／橋本榮治／藤川游子／星野高士／細谷喨々／堀田季何／毬矢まりえ／武良竜彦／山下知津子／横澤放川／若井新一／和田華凜

荒このみ／池内俊雄／池谷キワ子／一澤信三郎／いとうせいこう／遠藤由美子／北村皆雄／古池五十鈴／志村靖雄／下重暁子／竹内紀子／竹田美喜・井上めぐみ／中野利子／ジャニーン・バイチマン／蓮實淳夫／林茂樹／古川洽次／堀切実／松木志遊宇／松田紅子／丸山登／矢野誠一／吉行和子

伊藤玄二郎／上野敦／内田洋一／加古陽治／佐山辰夫／澤田勝雄／下中美都／鈴木忍／高内小百合／高村幸治／浪床敬子／和氣元

第Ⅲ部　「藍生」会員から

安達潔／安達美和子／五十嵐秀彦／池田誠喜／石川仁木／磯あけみ／糸屋和恵／今井豊／岩上明美／岩田由美／岩魚仙人／植田珠實／牛嶋毅／畝加奈子／遠藤由樹子／大矢内生氣／岡崎弥保／河辺克美／北垣みどり／金利惠／草野力丸／久保羯鼓／後藤智子／近藤愛／佐藤洋詩恵／城下洋二／杉山久子／鈴木牛後／鈴木隆／高浦銘子／髙田正子／髙橋千草／髙橋冨久子／田中まゆみ／寺島渉／董振華／中岡毅雄／長﨑美香／名取里美／成岡ミツ子／二階堂光江／橋本薫／畠山容子／原真理子／半田里子／半田真理／肥田野由美／平尾潮音／深津健司／アビゲール・フリードマン（俳号＝不二）／細井聖（俳号＝ジョニー平塚）／前田万葉／益永涼子／マルティーナ・ディエゴ／三島広志／水田義子／森川雅美／森田正実／門奈明子／山本浩／ローゼン千津／渡部健／渡邉護（俳号＝三度栗）／渡部誠一郎

「あとがき」風に（筑紫磐井）／謝辞（黒田勝雄）／編集後記（藤原良雄）
黒田杏子主要著作一覧／黒田杏子略年譜（1938~2023　作成＝中野利子）
（敬称略・掲載順）

急速に活性化する「日本ワイン」産業、ワイナリーの現地ルポと未来展望！

ワイン産業は、「未来の新しい産業社会」の先駆け

――『日本ワイン産業紀行』の出版に際して――

元（財）国民経済研究協会理事長・会長　叶（かのう）　芳和（よしかず）

産業論としてのワイン論

日本ワインは「新しい産業」である。二〇一八年に新しい表示基準が制定され、**日本国内で栽培されたブドウ一〇〇%を原料として醸造されたワインだけが「日本ワイン」と表示できる。**輸入ワインやブドウ濃縮果汁を輸入して国内で製造される海外由来のワインと区別するためである（国産ブドウ一〇〇%でワインを造る企業は数は少ないが、明治以来ある）。

当初、新しい産業であるため、興味本位で一つ二つワイナリーを見学することにした。しかし、実際に調査して、ワイナリーにはかなり重いものがあることが分かった。**耕作放棄地の解消、土地の価値上昇**（生産性向上）、**過疎化の抑制、生物多様性**という、**地域振興に貢献する公益性がある**産業のように思えた。まさに地方創生であり、成長を応援したいと思った。

調査を進めるうちに、今度は**ワイン産業は**「**未来の新しい産業社会**」**を先駆け**していることが分かってきた。産業と言うものがどのようにして誕生してくるかも興味深かった。

ワイン産業は新規参入が相次いでいる。若い人たちがこの産業に集まっている。脱サラ組も多い。それは**ワイン造りがクリエイティブな仕事であって、面白いからだ。**わくわくとした気持ちで働ける産業を増やすことが「働き方改革」であり、ワイン産業のようなクリエイティブな産業を増やすことが改革なのだ。そんな思いで、ワイナリーの実態調査を続けた。

「働き方改革」というテーマがあるが、生産性を高め残業時間を減らす、休日を増やすということではなく（それは発展段階の低い経済社会での改革目標）、**わくわくとした気持ちで働ける産業を増やす**という、産業構造の改革こそが、目指すべき方向と思われる。

新規参入ラッシュは、一九七〇年代、欧州でサイエンスパークが形成され、ハイテク産業が各国で生まれた状況に似て

いる。ワイナリーの現地取材は、産業誕生の歴史的瞬間に立ち会っているみたいで興味深かった。**その仕組みの本質はインキュベーション(孵化)機能であり、人材育成である。ワイン産業は自立自興型の〝地方創生の手法〟になろう。**

産業論としてのワイン論をめざす。華やかな世界ではなく、**「土」からワインを考えた。**

信州上田のワイナリーのブドウ畑

「反逆のワイナリー」たちの挑戦

日本にはワインの経済分析がない。ソムリエ型解説や底の浅い紀行だけで、産業論がない。本稿は「産業論としてのワイン論」を目指した。ワイン造りは長時間労働も厭わず時間を忘れて働いている(楽しいから)。ワイン産業には、若者の自己実現をはじめ、「労働」Laborではなく「仕事」Workが主体の働き方があり、未来の新しい産業社会の先駆けが見られる。日本では新しい産業である。評論ではなく、現場に語らせる手法、現地ルポでその実態を明らかにした。

また、日本ワインはまだ競争力が弱い。ワインの国内流通に占めるシェアは六%程度である。和食に合うはずであり、日本で比較優位産業になりうるはずである。競争力が高まれば、輸入由来のワインを駆逐して、もっと成長できる。どのようにしたら、日本ワインは競争力を高めることができるか。先進事例(産地)に学ぶ——というのが、本書のもう一つの狙いである。

急いで付け加えると、ワインの本場、フランスより進んでいる側面もある。日本は雨が多く、ワイン造りには不利であるが、このテロワール(風土)の不利を乗り越えて、良いワインを造っているワイナリーもある。技術が自然に代替した訳だ。**「反逆のワイナリー」たちの挑戦**が見ものだ。

(本書「はじめに」より/構成・編集部)

日本ワイン産業紀行
叶 芳和
図表多数
A5判 三五二頁 二九七〇円

■『日本ワイン産業紀行』もくじ

連載　パリの街角から　15

忘れ難い人

パリ在住ジャーナリスト　山口昌子

恐れ多くも「世界の小澤征爾」（二月六日、八十八歳で死去）にパリでご馳走になったことがある。友人のS夫人と日本レストランに行くと、小澤が一人でカウンター席で焼き魚を食していた。

日仏ハーフのSは無名時代の小澤と最初の妻江戸京子のパリでの親友だった。久しぶりの邂逅に相好を崩した小澤は私たちに隣に座るように促した。小澤と離婚後、京子は傷心を癒すためにパリにやってきてSの家に身を寄せていたが、ある日、Sの仏人の夫と共に出奔した。京子も一月末に八十六歳で鬼籍に入った。

小澤はこの夜、在住のウィーンでは「決して味わえない美味な日本食」を堪能してご機嫌だった。「江戸のおやじ（江戸英雄、三井不動産社長、九七年没）は京子と離婚後も、僕をずっと、本当の息子のように可愛がってくれた」と、しんみりと言った。英雄は小澤がパリに出発する時、ピアニストを目指してパリに留学中の娘京子には「絶対に近づくな」と厳命した。桐朋学園の同窓生の二人の結婚にも大反対だった。

小澤が「朝が早いから」と去った後、食事を終えた私たちが勘定を払おうとしたら、「マエストロが……」と言われた。

小澤の演奏を初めて聴いたのはパリに留学中の一九七〇年だ。日本では小澤の評判は遅刻や振り間違いなどが喧伝された「N響事件」（一九六二年）の影響で悪く、聴く気になれなかった。パリでは仏ブザンソン指揮者コンクールで一位（一九五九年）の若き指揮者を聴こうとやってきた満場の観客と共に痺れた。

二度目は一九九四年、バカンス先のアテネだった。パルテノン神殿下の野外劇場の本番はパリに戻る日の夕刻だったので諦めたが、暑くなる前の早朝にリハーサルがあるというので駆けつけた。南欧の煌く朝日の下で聴いた演奏を何と言おう。まさに至福の時だった。

二〇〇八年には小澤の音ではなく声を聴いた。仏芸術アカデミー外国人会員に任命された小澤は若い頃を偲んでか仏語で演説をした。忘れ難き人に合掌。

連載　メキシコからの通信　12

AMLOの思想

エル・コレヒオ・デ・メヒコ教授　田中道子

今年十一月で大統領の任期を終える、アンドレス・マヌエル・ロペス・オブラドル（AMLO）は、自分の理念をキリスト教の隣人愛に根差したメキシコ・ヒューマニズムだという。彼の思想は人生体験に根差している。

タバスコ州の小さな町マクスパナの商人夫婦の長男として生まれ、若い時から、制度的革命党（PRI）左派で優れた詩人でもあるカルロス・ペイセル州知事の下で政治家を目指し、キューバ革命後の民族解放・社会革命路線を歩む。奨学生としてメキシコ国立自治大学政治社会学部に入り、一九六八年学生運動後のネオマルクス主義を学ぶ。一九七三年、チリのアジェンデ社会主義政権の米国介入による打倒、メキシコの都市青年武装グループや農民運動に対する容赦ない弾圧に深い印象を受ける。学士課程修了後、タバスコ州に戻り、国立インディオ機構の職員としてチョンタル族居住地域開発に従事する。州知事選におけるPRI内部の不正に抗議して首都メキシコ市までの行進を組織し、PRI左派を率いて離党し他の左翼勢力と合同したクワウテモク・カルデナスに合流した。大統領選に出馬したカルデナスに代わって、メキシコ市長に就任し、二〇〇六年の大統領選にメキシコ民主革命党（PRD）から立候補した。

彼の信念は、まず非暴力。指導者は自分の生命を賭しても、運動員の生命を危険にさらすことは許されない。選挙と人民主権・法治国家を信頼し、政教分離にちなむ政経分離を主張。企業活動の自由や正当な収入による富の蓄積は認めるが、国家の役割は、貧困層・被差別者・被災地域を優遇し社会正義を実現する事という。大規模公共事業により、国内外からの投資環境を整え雇用の拡大と高度化を図る。官僚機構を簡素化し、汚職を除き、必要なら軍の人員・技能を活用する。言論の自由は認めるが、反対派には反論し、また政府や運動内部の批判のってともする。私的には伝統的家庭を理想とする保守派であるが、公的には様々な家庭のあり方を認める。

連載　歴史から中国を観る　51

『三国志』と『三国志演義』

宮脇淳子

日本人がふつう『三国志』と呼んで親しんでいる書物は、じつは十四世紀の明代につくられた小説の『三国志演義』である。魏と呉と蜀の三国に分かれた時代の人名も事件も、三世紀に陳寿（二三三―二九七）が書いた正史の『三国志』にもとづいているけれども、史実でないことがいっぱい含まれる。意図的にストーリーを変えていることが明らかである。

『演義』の作者と言われている羅貫中は、生没年もわからない。『三国志』をよく読み込んでいるが、とくに時代考証をおこなったわけではなく、生活様式や習慣が時代によって変化するという明確な意識はなかったようで、三国時代にはまだ紙はそれほど普及していなかったのに、紙に印刷された書物まで登場する。また、南方の地理関係は正確だが、北方の洛陽から長安の間の記述には誤りが多いので、おそらく南方の人だろうと言われている。

『演義』では、蜀の劉備と諸葛孔明がヒーローで、関羽も大活躍するが、『演義』の関羽にまつわる話は、史実ではないフィクションがことのほか多い。これは後世、関羽が神格化されたためである。

一方、『演義』で悪役の代表とされる魏の曹操は、実際には書・音楽・囲碁などの趣味を持ち、漢詩を詠んでも一流の、卓越した改革者だった。ところが、蜀をもり立てるために、『演義』では徹底的に戯画化され、呉の孫権などは、狂言回し的な道化役にされており、史実からはほど遠い。

とはいっても、『三国志演義』がひじょうに面白い小説であることは間違いない。わが国でも古くは幸田露伴が翻訳し、吉川英治訳は、今でも高い評価を受けている。横山光輝の漫画もあるし、ゲームにもなっている。最近では、北方謙三と宮城谷昌光の小説があるが、前者は『三国志演義』を使いながら正史寄りで、後者は『三国志』の小説化であるそうだ。

史実も小説も、英雄たちの虚々実々の騙し合いこそがストーリーの核心なのだから、楽しみながら、われわれの文化との相違点を大いに学んでもらいたいと思う次第である。（みやわき・じゅんこ／東洋史学者）

連載　今、日本は　59

教師の悲鳴が聞こえる

ルポライター　鎌田　慧

ここ十数年、教育現場はまるで「ブラック」産業のように、長時間労働、過労死、精神疾患で休職者多発、子どもの長欠などがふえている。中途退職は止まらず、教員志願者が減り、慢性的な人手不足。まるで劣悪な労働条件の零細企業のような状況だが、さっぱり改善の兆しはない。

つまりは、監督官庁の文部科学省の幹部が、教員の悲惨な状態にこころを痛めていないからだ。しかし、ほかならぬ学校は、子どもが将来にむけて夢を育てる場所だ。そこがブラック化しているとしたら、日本の将来は暗いものになってしまう。教員の労働条件を緩和させるために、文科省幹部は積極的になってほしい。

危機的状況の新聞報道は、枚挙にいとまがない。たとえば、

「教員志願　止まらぬ減少　本社全国調査　来年度は六〇〇〇人減」（「朝日新聞」二三年九月二〇日）

「教員の精神疾患休職最多　六五三九人　多忙や苦情など要因か」（「朝日新聞」二三年一二月二三日）

「都の小学校採用倍率　一・一倍　過去最低」（「東京新聞」二三年一一月二日）

その東京新聞の記事ではこう書かれている。「連合総合生活開発研究所が昨年、教員約一万人を対象にした実態調査によると、残業時間は月平均一二三時間一六分で、国が示す過労死ライン（月八〇時間）を大きく超えた」。

ところが教員には残業代が支払われていない。「給特法」（公立の義務教育諸学校等の教育職員の給与等に関する特別措置法）によって、月給の四％を上乗せしただけで支給されず、残業は「自主的、自発的な仕事」にされて無休なのだ。

教育費に余裕のある家庭は、こんな状態の公立の小・中学校から、私立校に子どもを送ろうとする。その推薦状書きの仕事も教員の膨大な雑用に加わる。

八〇年代の初めに、わたしは『教育工場の子どもたち』と題する、管理教育批判の本をだした。その頃の子どもたちは窮屈だった。が、いまの「教育工場の教師たち」にはもっと自由がない。

〈連載〉科学史上の人びと　12

木村資生（きむら・もとお　一九二四〜一九九四）

東京大学名誉教授／科学史　村上陽一郎

生物進化説をゴルトンまで辿ってきたが、この原稿を書いている二月一二日は、世に「ダーウィンの日」と呼ばれているそうな。話は戻ってしまうようだが、ダーウィンが生まれたのが一八〇九年二月一二日だからだという。そのダーウィンを記念した「ダーウィン・メダル」という国際的な顕彰制度があるが、日本人として今のところ唯一の受賞者が、今回の木村資生である。受賞理由は「中立進化説」の提唱にあった。

ダーウィンの段階では、遺伝現象に関して確たる理論形成は未だなかった。メンデル（Gregor Mendel, 一八二二〜八四）の法則は一八六五年に発表されていたが、一九〇〇年に所謂「再発見」が起こるまでは埋もれたままだったのである。やがて、独のヴァイスマン（F. A. Weismann, 一八三四〜一九一四）、米のモーガン（Thomas Morgan, 一八六六〜一九四五）らが染色体を座とする遺伝子概念を発展させ、さらにはワトソン＝クリック（James Watson, 一九二八〜　＝Francis Crick, 一九一六〜二〇〇四）の仕事として知られるＤＮＡ構造の発見に至る遺伝学の画期的進歩の中で、新しい遺伝学と進化学の融合という領域が生まれた。例えば、一つの生物種が持つ形質（表現型）とそれを支えるＤＮＡ構造（遺伝型）の関係の分析がある程度可能になると、遺伝型における変異（通常は「突然変異」と言われる）が、どのような場面で、どのような頻度で起こるか、を多数の事例を集めて推定する集団遺伝学、あるいはそこで得られた知見を基にして、そうした遺伝型の発現としての表現型と、ダーウィン的な自然選択という考えかたが、どのように結びつくのか、というような研究が生まれてきたのである。

そこでは、ＤＮＡの分子レヴェルでの様々な変異のなかで、木村は「環境からの選択」による「適者」ではなく、たまたまの偶然によるものが生き残る、つまり、環境条件に対しては「中立」としか考えられない状況が一般的である、という説を立てた。適者生存ではなく「幸運者生存」とでも言うべきか。一九六〇年代末に「分子進化中立説」として発表された。

連載　グリム童話・昔話　12

破裂音の響く行列
――南ドイツの謝肉祭 3

ドイツ文学・昔話研究　小澤俊夫

謝肉祭では、いろいろな服装をした人びとの行列が続くのですが、にぎやかな音もとどろきます。人びとが吹き鳴らす笛や太鼓の音にまじって、動物の膀胱を膨らませた袋のようなものを棒の先に結び付けて、それで地面を激しく叩くのです。行列の全員がそれをするので、その音は轟音のようになります。説明によると、そのはげしい音で悪霊を撃退するのだそうです。

謝肉祭の行列全体としてみると、この激しい、地面にたたきつける音がしばらく続くと、今度は楽隊のにぎやかな行列が来る、次にはいろいろな動物の姿の行列が来る、次には子どもたちのかわいい姿の行列が来るという具合で、長時間にわたる、にぎやかな行列でした。

その中で、謝肉祭らしい行列といえば、なんといっても動物の姿の行列でした。鳥の姿をしたものが、杖を使って高く飛び跳ねるのは、鳥の飛ぶ姿だそうで、もっとも異教的な雰囲気でした。そうかと思うと、豚のような姿をした動物が、体をぶつけあいながら進むのは、人々の笑いを誘っていました。

謝肉祭の最後は、参加者がみんなで泣くのです。そのわけを訊くと、民俗学科の人の説明では、お祝いが終わった、その悲しみなのだとのことでした。けれど、私には、なにかもっと深いわけがあるのではないかと思われました。それは、お祭りの終わりの悲しみというよりも、人間と動物が一体となって祝った短い幸せな時間の終わりを悲しんで、とか。

何はともあれ、謝肉祭は、禁欲的なキリスト教の世界にあって、人間の自然な欲望を控えめながら発揮して、束の間の喜びをとことんまで楽しもうという、自然な行事なのだなというのが、私の感想でした。それだから、謝肉祭は、われわれ日本人にとってはなんとなく親しみやすいお祭りなのだろうと思ったことでした。近頃はヨーロッパの旅に出かける人は多いと思いますが、寒い時期ではあるけれど、南ドイツの謝肉祭を見ると、ヨーロッパのイメージがだいぶ変わるだろうと思うのです。

■連載・「地域医療百年」から医療を考える　34

福沢諭吉の医療観

方波見医院・北海道　方波見康雄

無限輪贏天又人　医師休道自然臣
離婁明視麻姑手　手段達辺唯是真

ずいぶん前の話になるが、九州の久留米医科大学で開催のがん関連学会に招かれ講演をした折にお会いしたがん免疫研究で高名な伊東恭吾教授のお部屋に掲額されていたのが冒頭の七言絶句である。福沢諭吉(1835-1901)が「贈医」と題して北里柴三郎(1853-1931)に贈ったものだそうだ。原画は慶應義塾大学医学部北里図書館に飾られ、教授室のはその写しであった。

読みは、こうなる。

無限の輪贏(しゅうえい)天また人
医師　道(い)うを休(や)めよ　自然の臣なりと
離婁(りろう)の明視と麻姑(まこ)の手と
手段の達するの辺　唯だ是れ真なり

「輪贏」には、勝ち負けや智慧くらべなどという意味があり、「離婁」は『孟子』に出てくる「優れた視力を持つ人物」に由来、慧眼つまり物事や現象の本質を見抜く鋭い観察力という意味になる。「麻姑の手」とは「孫の手」のこと。古代中国の『神仙伝』に、鳥のように長い爪を持つ娘が、痒いところに手がとどくような施しをしたという物語が出典で、精緻な技術を磨き良いケアをする意味がある。医師に大切なのは診療の最新知識と医療技術の修練と細やかな人間的なケアということなのだろう。

福沢が適塾で緒方洪庵に教えられた蘭学の「実測究理」の姿勢、さらには同時代の先進的な蘭方医などが実践していた実証的医療の姿が、この漢詩の下地となっていたと推察され、フーフェラントなどの西欧思想があったと考えてよいだろう。

福沢諭吉が適塾で学んでいたころの塾生仲間に、小関三英や橋本左内がいた。小関は「蛮社の獄」につながり、自殺。左内も幕藩体制を批判、処刑。共に医師、蘭学者。同時代の高野長英は、開国の世界史的必然性を洞察していた先覚者であり、脱獄して囚われ、非業の死を遂げている。彼も蘭方医であった。福沢の七言絶句は、時代の不条理を洞察する慧眼つまり科学的人間的な批判精神を医師は培う必要があるという願いと、専制体制犠牲の逸材たちへのレクイエムでもあったのだ。

連載 あの人 この人 12

虚ろな兵士

作家 黒井千次

まだ小学生(正式には国民学校生だが)の頃、東京・新宿の隣町に当る大久保に住んでいた。すぐ近くに陸軍の練兵場に当る戸山が原があり、その一部に射撃の練習場があった。カマボコを縦に何本もつなげながら延長した形のコンクリートの半筒形の射撃場が横に何列か並んでいた。その区域は雑草の生えた長い土手によって囲まれ、当の地域全体には鉄条網が張り巡らされていた。つまりそこは、陸軍が実弾射撃の訓練を行う現場であった。腕章を巻いた兵士が周辺を巡回する姿が目にはいった。

しかし、危険な場所は子供にとって魅力をたたえた場所でもある。その射撃練習所の持つ魅力と秘密とは、着弾地域の土手の砂の中には、飛来した弾頭部がいくらでもあり、それを拾い集められるといったものだった。それがどこまで〝オハナシ〟で、どこからが実際のことであるのかははっきりしないものの、拾った銃弾を見せびらかしては自慢する子供がいたのは確かだった。

――その日は何があったのか、仲間と一緒ではなく、単独でそのカマボコ形の施設に潜り込み、手にも重い銃弾の頭部をすくい集めて帰り、仲間に自慢してやろう、とでも考えたのだったろうか。とにかく独りで射撃場の内部に潜り込み、着弾地に近づこうとした。射撃音が止んで静かになった時に――。

そして射撃場に潜り込もうとした時に、腕章を巻いて見回っていた身体のがっしりした見廻りの兵士にあっさりつかまってしまっていた。

ここは弾丸の飛んで来る危険な場所だから、すぐ出るように、と告げる身体の大きな陸軍二等兵の言葉と声には、なぜか全く力がなかった。緊張と恐怖からそろそろと脱け出しながら、あの兵士はどうしたのだろう、と気にかかった。家族に不幸でもあったか、それとも軍隊生活の中で何か問題が生じたか――。

弾丸は拾えなかったが、ひどく元気のない見廻り兵のことも気にかかった。あの兵士はどうしたのだろう――と。

連載　いま、考えること　12

大坂なおみ選手の存在

山折哲雄

いつごろからか私は、テニス界の大坂なおみ選手に注目するようになっていた。そのうち、京都ちあき、といった名の選手があらわれると面白いな、と思うようになった。というのもかねて、ちあきなおみさんの演歌にぞっこん惚れこんでいたからだった。

世界にコロナ禍が襲いかかる直前だった。二〇一九年の正月、テニスの全豪オープンを制した大坂選手はみるみるトップに躍りでた。それも一勝し一敗したあと、緊張の高まりのなか、二戦目の劣勢をはね返し決勝戦をものにしてつかんだのだった。

そのときの沈着冷静なたたかいぶりが、今でも眼前によみ返って忘れられない。それ以来、彼女はテニス界の世界ランキング第一位にのぼりつめた選手となったが、こんどはそれを維持するために悪戦苦闘することになる。やがて開催されることになる東京オリンピックでは期待された成果をあげることができず、低迷の時期がつづいた。

その身辺の動向についても、マスコミの報道はしだいに沈静にむかい控え目になっていった。けれども胸の内には逆に、わだかまりのような違和感のようなものがのこるようになっていた。

いったい世界ランキング第一位というのは何か。それはオリンピックの金銀銅と同じものか。そして、そもそも大坂なおみとはいったい何者なのか、と。

すくないマスコミ報道から私が知りえたことは、なおみ選手の父親が西半球のカリブ海域に存在するハイチ国（島）の出身であり、来日して北海道で日本人の母親と出会い結婚している、そのあいだに生れた二人姉妹の一人、ということぐらいだった。もちろん「ハイチ」という国がどういう歴史と文化をもつところかも知らなかった。

ところが昨年の八月、街の本屋で浜忠雄氏の『ハイチ革命の世界史――奴隷たちがきりひらいた近代』（岩波新書）をみつけてびっくりしたのだ。何とそこには「ヘーゲル弁証法」をめぐる刺激的な問題提起が論じられていたのである。

■連載・花満径　96

無伴奏曲にふれて

中西　進

おくやまなおこの詩集『無伴奏曲集――あなたとわたし』（コールサック社）を読んだ。未知の人である。

手練れのことばだったから一語一語が彫り込まれるように伝わってきたが、やはり一つの補助線が必要だった。それが解説の鈴木比佐雄からもたらされた。詩人は二〇歳の未亡人から生まれ、いまその母を失ったらしい。

それでこそ自分と母をめぐる「悲歌（われ・なんじ）」が生まれ、母への「鎮魂歌」がつづき、追憶の「夜の歌」に及んで「天空の歌」に収まる。残された者は「鹿」だ。

緻密な眼差しや大きな視野の中に、たとえば村野四郎の「鹿」や伊東静雄の「わがひとに与ふる哀歌」などを連想させるものがあった。夜の歌についてもジャムなどの瞑想が漂う。

一方、鈴木の解説がみごとに詩人の核心を指さしている。ここに詩の批評のために呼び出されている人びととは、『死に至る病』のキルケゴール、存在論のハイデガー、そして『我と汝・対話』のマルティン・ブーバーらである。

この詩集の枝葉や根幹が、あのいささか神経質なキルケゴールや、まるごと対話のようなギリシャ哲学を復活させるブーバーに、そして何よりも根本の存在認識にあることは、十分に指摘されるべきであろう。

鈴木の解説が末節の表現をめぐるものではないことにも、わたしは感心した。

それにしても、無伴奏といいながらことばの多いこの詩集は、多分、それほどの死への悲しみにみちているのだと思った。

真に死を悲しむ者は、いくらにもいくらにも、饒舌になるものだ。とくに死者との対話の中で。

本当に死を認めることは、何も一条の哲理を、観念として見出すことではない。ひたすらに情を尽くすことだ。何の手助けも要らない、死者と無限の対話を尽くすことだと、詩人は教えてくれる。

詩人はこれからも対話をつづけていくことだろう。その果てに、いかなる言語が残るのか。それをこの人の仕事から知りたい。

二月新刊

なぜパリに魅かれるのか？

フランス大使の眼でみた パリ万華鏡

小倉和夫（元フランス大使）

各国の政界、財界、文化界の人びとと交流した記録。

Ⅰ 二〇〇〇年一月から二〇〇一年一二月までの、大使の手記。

Ⅱ 永井荷風、島崎藤村、横光利一、与謝野晶子、岡本かの子、林芙美子……パリを訪れた日本人作家たちの足跡を追い、彼らの文学に落としたパリの影を想う〝パリ文学散歩〟。

四六上製　四一六頁　二九七〇円

「内発的発展論」を深化させた〝水俣〟

鶴見和子と水俣

共生（ともいき）の思想としての内発的発展論

杉本星子・西川祐子編

国際的社会学者・鶴見和子（一九一八—二〇〇六）が、一九七〇年代中盤、「水俣」調査で直面した衝撃は、同時期に提唱した「内発的発展論」に何を刻みつけたのか。旧蔵書「鶴見和子文庫」をひもとくことで、内発的発展論を「共生」の思想へと深化させていった最晩年までの軌跡に光を当て、その批判的継承の糸口を探る。

Ａ５上製　三四四頁　四八四〇円

日本に在って歯噛みする思いを託す

金時鐘コレクション　全12巻

5 日本から光州事件を見つめる　【第9回配本】

詩集『光州詩片』『季期陰象』ほかエッセイ

「私は忘れない。／世界が忘れても／この私からは／忘れさせない。」一九八〇年五月、民主化を求めて立ち上がった市民に、全斗煥が血みどろの弾圧を加えた韓国の光州事件。

〈附〉語り下ろし著者インタビュー

〈解説〉細見和之　〈月報〉荒このみ／西村秀樹／朴愛順／茂呂治

四六変上製　四〇〇頁　口絵2頁　四六二〇円

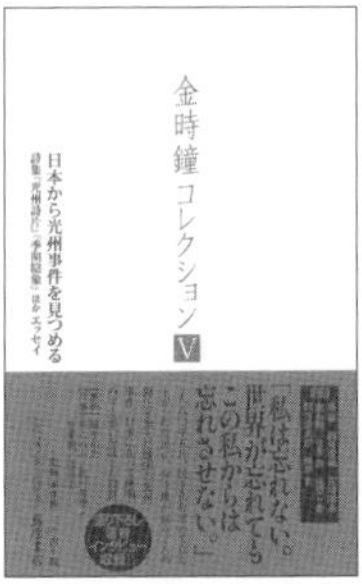

金時鐘コレクション　全12巻

＊白抜き数字は既刊　内容見本呈

1 日本における詩作の原点　詩集『地平線』ほか未刊詩篇、エッセイ　解説・佐川亜紀　三五二〇円

2 幻の詩集、復元にむけて　詩集『日本風土記』『日本風土記Ⅱ』　解説・宇野田尚哉、浅見洋子　三〇八〇円

3 海鳴りのなかを　長篇詩集『新潟』ほか未刊詩篇　解説・吉増剛造　四八四〇円

4 「猪飼野」を生きるひとびと　『猪飼野詩集』ほか未刊詩篇、エッセイ　解説・冨山一郎　五二八〇円

6 新たな抒情をもとめて　『化石の夏』『失くした季節』ほか未刊詩篇、エッセイ　【次回配本】　解説・鵜飼哲

7 在日二世にむけて　「さらされるものと、さらすもの」ほか　文集Ⅰ　解説・四方田犬彦　四一八〇円

8 幼少年期の記憶から　「クレメンタインの歌」ほか　文集Ⅱ　解説・金石範　三五二〇円

9 故郷への訪問と詩の未来　「五十年の距離、月より遠く」ほか　文集Ⅲ　解説・多和田葉子

10 真の連帯への問いかけ　「朝鮮人の人間としての復元」ほか　講演集Ⅰ　解説・中村一成　三九六〇円

11 歴史の証言者として　「記憶せよ、和合せよ」ほか　講演集Ⅱ　解説・姜信子　五二八〇円

12 金時鐘の世界　創作ノート他、資料篇　〈附〉年譜

大地よ！■

▼"石牟礼道子"関連の書籍で、藤原書店の名前を知ったのですが、御社の志の高さに、敬服しております。この自伝も、深く心に刺さってくるものがあります。

（神奈川　森周映雄　73歳）

パンデミックは資本主義をどう変えるか■

▼全ては熟読できていないが、いずれの論点も、日本のコロナ禍を検証する上で有益と考えられる。

もっとも、従来欧州は感染症対策よりも気候・環境分野に比較優位があり、それは今日においても変わらないように思われる（例・二〇二一年の英国G7）。

（東京　学生　大和宏彰　38歳）

ルーズベルトの責任(上)(下)■

▼戦後日本の精神は「東京裁判史観」により骨抜きにされた。「戦後レジームからの脱却」は第一次安倍政権の時からの悲願である。米紙からレビジョニスト（歴史修正主義者）と揶揄されながらもこの自虐的桎梏からの超克を願った。「東京裁判」のパル判事は「ハルノート（最後通牒）のようなものを突きつけられれば、日本でなくても欧州の小国といえどもアメリカに戦いを挑んだだろう」と痛烈に批判した。（瀧川政次郎著『東京裁判をさばく』上、東和社、三七頁）

さらに本書の監訳者開米潤著の『松本重治伝』（藤原書店、一〇五頁）のなかで「ビーアドは真珠湾攻撃をさせたフランクリン・デラノ・ルーズベルト（以下「FDR」）大統領側の『挑発』にも責任があることを、公文書に基づいて立証してみせた」とある。FDRは反戦の公約を掲げて当選した大統領である。「攻撃は最大の防御」であるのに、なぜ真珠湾で日本に「先制の一撃」をさせる必然性があったのか。それは日本に攻撃させ、米国側が大損害を被れば被るほど反戦気分の米国民を覚醒させ、愛国心に火をつけて参戦の大義と好機にしたかったからである。これでチャーチルとの参戦密約も可能となった。

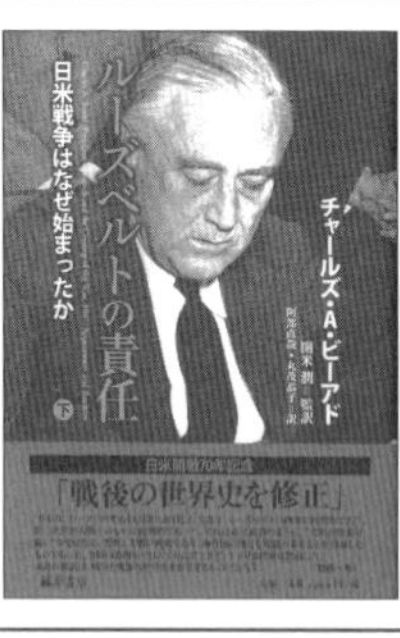

そもそも「日清・日露戦争」で有色人種が白色人種に勝利したことがトリガーとなった。FDRは、日本の台頭はやがて白色人種の脅威となることを恐れた。そしてFDRは日英同盟を破棄させ、経済的孤立を図

る。やがて人種的偏見を持った「戦争仕掛け人」ＦＤＲがチャーチルと手を組み、日本弱体化を画策した行動を加速させていく。これが誤算の始まりであることは、歴史が証明している。アジアで強靭な盾（日本）を失った米国は、矛を振り翳し、未だに東奔西走し続けている。本書は、日本人が歴史の真実を知ることで自信を取り戻すための、必読の書と言える。

本書は上下二冊八六〇頁余りの大著である。しかし監訳者が言うように「探偵小説」でも読むように興奮を覚えながら一気に読み終えた。

ところで巻末に興味深い記述を見つけた。ビーアドと松本重治を引き合わせたのが鶴見祐輔であることと。後藤新平はビーアドと関東大震災前後から旧交を温めていることを知った。老生の読書は偶然にも、高野長英、安場保和、後藤新平、鶴見祐輔、鶴見俊輔らの血脈を巡る旅に見えてくる。

（鹿児島　**島崎博**　72歳）

※みなさまのご感想・お便りをお待ちしています。お気軽に小社「読者の声」係まで、お送り下さい。掲載の方には粗品を進呈いたします。

書評日誌（一・二二〜二・二六）

㊕ 書評　㊇ 紹介　㊅ 関連記事
㋑ インタビュー　Ⓣ テレビ　㋶ ラジオ

一・二二　㋶ＮＨＫ 高橋源一郎の飛ぶ教室「全著作〈森繁久彌コレクション〉全五巻 1 道――自伝」（高橋源一郎、ゲスト水道橋博士）

一・二〇　㊕図書新聞「新しい野間宏」（「野間宏の『戦後』を捉え直し、現在を問う」／「起伏の激しい時代を生きた野間宏という作家の全貌を丹念な手つきをもってみごとに開示」／佐藤泉）

一・二四　㊅読売新聞「美術商・林忠正の軌跡 1853-1906」（「書籍『林忠正の軌跡』特別賞」／「日仏の美術交流など描く」）
㊇日刊ゲンダイDIGITAL『女の世界』

一・二八　㊕熊本日日新聞「ヨモギ文化をめぐる旅」（「文学者二人の世界 強い共振」／若松英輔）

二・八　㊅北海道新聞「医療とは何か」（「奈井江の医師 方波見康雄さん、エッセー出版」）

二・一〇　㊕毎日新聞「ジョルジュ・サンド セレクション 別巻 サンド・ハンドブック」（「『女性のための闘士』の全貌明らかに」／本村凌二）
㊅朝日新聞（夕刊）「苦海浄土 全三部」（「ほほ笑む『残夢童女』石牟礼さん面影」／「七回忌 仏壇から位牌みつかる」／今村建二）

二・一三　㊅週刊エコノミスト「戦争は終わっても終わらない」（「情熱人１０４」／「〝傷痕〟を抱えた人を撮る大石芳野」／「〝戦争は終わっても終わらない〟が私のテーマ」／大宮知信）

二・一四〜　㊅東京新聞「いのちを刻む」（木下晋「私の東京物語」全十話）

二・一六　㊅毎日新聞「政治の倫理化」（「余録」）

三月号　㊅リベラルタイム「パリ日記」全五巻（「花田紀凱の血風取材日記１３４」／「人気は『高さ』よりも『長さ』が大事」／「『パリ日記』完結とオフィシエ章」／花田紀凱）

四月新刊予定

＊タイトルは仮題

「感性の歴史家」による、唯一無二の「風」の歴史

疾風とそよ風

風の感じ方、憧れ方の歴史

A・コルバン
綾部麻美訳

「風」は歴史の対象になりえるのか？ 古来、人知の及ばぬ力と神秘的な存在感で人間の傍らにあり続けてきた「風」への認識は、人類が空へ進出し始めた十八〜十九世紀、大きく転換する。「風景」「天候」「樹木」「草」と人間との関係の歴史を描いてきた「感性の歴史」の第一人者が、多様な文献を通じて跡付ける、人間にとっての「風」の歴史！

ラテンアメリカ史の決定版、新版刊行

収奪された大地 新版

ラテンアメリカ五百年

E・ガレアーノ
大久保光夫訳

新版序＝斎藤幸平

欧米先進国による収奪という視点で描く、ラテンアメリカ史の決定版。世界数十か国で翻訳された全世界のロングセラーの本書は、「過去をはっきりと理解させてくれるという点で、何ものにもかえがたい決定的な重要性をもっている」（『ル・モンド』紙）。「グローバルサウス」が存在感を増す今、必読の名著、待望の新版！

半世紀にわたる全句を収録

石牟礼道子全句集 泣きながら原 新装版

石牟礼道子
解説＝黒田杏子「一行の力」

『苦海浄土』『春の城』の作家であり、何より詩人であった石牟礼道子の才能は、短歌や俳句の創作においても花開いた。幻の句集『天』ほか、半世紀間の全俳句を収録。

祈るべき天とおもえど天の病む
さくらさくらわが不知火はひかり凪
毒死列島身悶えしつつ野辺の花

＊長らく品切れでしたが、新装版で刊行致します。

「生きる」ことは「学ぶ」こと

百歳の遺言 新装版

いのちから「教育」を考える

大田 堯
中村桂子

生命（いのち）の視点から教育を考えてきた大田堯さんと、四〇億年の生きものの歴史から、生命・人間・自然の大切さを学びとってきた中村桂子さん。教育が「上から下へ教えさとす」ことから「自発的な学びを助ける」ことへ、「ひとづくり」ではなく「ひとなる」を目指すことに希望を託す。

＊長らく品切れでしたが、新装版で刊行致します。

3月の新刊

タイトルは仮題、定価は予価。

日本ワイン産業紀行 ＊
叶 芳和
A5判 三五二頁 二九七〇円

琉球 揺れる聖域 ＊
軍事要塞化／リゾート開発に抗う人々
安里英子
四六上製 四九六頁 三九六〇円

花巡る 黒田杏子の世界 ＊
『黒田杏子の世界』刊行委員会編
カラー口絵4頁
四六上製 四四〇頁 三六三〇円

4月以降新刊予定

疾風とそよ風
風の感じ方、憧れ方の歴史
アラン・コルバン
綾部麻美訳

収奪された大地〈新版〉
ラテンアメリカ五百年
エドゥアルド・ガレアーノ
大久保光夫訳 新版序・斎藤幸平

百歳の遺言〈新装版〉
いのちから「教育」を考える
大田堯・中村桂子

石牟礼道子全句集〈新装版〉
泣きながら原
石牟礼道子 解説＝黒田杏子

別冊『環』㉙
シモーヌ・ヴェイユ 1909–1943

好評既刊書

フランス大使の眼でみた
パリ万華鏡 ＊
小倉和夫
四六上製 四一六頁 二九七〇円

鶴見和子と水俣 ＊
共生（ともいき）の思想としての内発的発展論
杉本星子・西川祐子編
A5上製 三四四頁 四八四〇円

金時鐘コレクション（全12巻） 内容見本呈
5 **日本から光州事件を見つめる**＊
詩集『光州詩片』『季期陰象』ほか
エッセイ
口絵4頁
〈解説〉細見和之
〈月報〉荒このみ／西村秀樹／朴愛順／茂呂治
［第9回配本］
四六変上製 四〇〇頁 四六二〇円

医療とは何か
音・科学そして他者性
方波見康雄
口絵4頁
四六上製 四四八頁 二九七〇円

食と農のソーシャル・イノベーション
持続可能な地域社会構築をめざして
大石尚子編
A5上製 二八八頁 四八四〇円

新ランボー論
慈悲愛と大地母神的宇宙への憧憬
清 眞人
A5上製 三三六頁 三九六〇円

シモーヌ・ヴェイユ「歓び」の思想
鈴木順子
四六上製 二九六頁 三九六〇円

自治と連帯のエコノミー
R・ボワイエ 山田鋭夫訳
四六上製 二〇八頁 二八六〇円

ジョルジュ・サンド セレクション（全9巻・別巻二） 内容見本呈
別巻 **サンド・ハンドブック** 完結
持田明子・大野一道編
M・ペロー／持田明子／大野一道／宮川明子
［最終配本］
四六変上製 三八四頁 四六二〇円

ノートル・ダムの残照
哲学者、森有正の思索から
大森恵子 推薦＝加藤丈夫
カラー口絵4頁
四六上製 三三六頁 二九七〇円

＊の商品は今号に紹介記事を掲載しております。併せてご覧戴ければ幸いです。

書店様へ

▼小坂洋右『**アイヌの時空を旅する**』が第36回和辻哲郎文化賞（一般部門）受賞！ 受賞オビございます。社会・民俗・ノンフィクションで是非ご展開を。▼宇梶静江さんが北海道文化賞・アイヌ文化賞をW受賞！『**大地よ！**』・『**アイヌ力よ！**』の受賞オビございます。お気軽にお申し付けを。▼2／10（土）『毎日』で『**ジョルジュ・サンドセレクション 別巻 サンド・ハンドブック**』書評（本村凌二さん）。セレクション既刊とともに是非。▼2／8（木）『北海道』で『**医療とは何か**』方波見康雄さんインタビュー。さらにご展開を。▼『朝日』デジタルで特集「人生は短く、一生は雑多に長い 詩人・金時鐘の旅路」連載。**金時鐘コレクション**（全12巻）刊行中です。関連書とともに是非。▼『**いのちを刻む**』・『**存在を抱く**』木下晋さんが『東京』「私の東京物語」で連載。▼2月のNHK『100分de名著』でローティ『偶然性・アイロニー・連帯』を特集。小社では『**リチャード・ローティ 1931-2007** リベラル・アイロニストの思想』がございます。この機に是非。（営業部）

二〇二四年　後藤新平の会

I 第18回 **後藤新平賞 授賞式**（受賞者は後日発表）

II 後藤新平の劇曲『平和』世界初演＆シンポジウム

〈演出〉**笠井賢一**
〈パネリスト〉
榎木孝明（俳優）
小倉和夫（元フランス・韓国大使）
橋本五郎（読売新聞特別編集委員）
伏見岳人（東北大学法学部教授）

【日時】5月31日（金）I午後3時／II 5時
【場所】千代田区立内幸町ホール
【定員】一八八名（申込み先着順）
【入場料】四千円（授賞式無料）
【主催】後藤新平の会／藤原書店（**申込先**）
【協賛】公益財団法人 上廣倫理財団／公益財団法人 京葉鈴木記念財団／日本郵政株式会社

俳人黒田杏子さん 一周忌のつどい
【日時】4月13日（土）
【場所】アルカディア市ヶ谷（東京）

出版随想

▼昨年の出生人口が、七二万六千人と発表された。戦後のベビーブーム時の二七〇万人からみると、三分の一を切って四分の一にならんとしている。出生率の問題は、国の将来を見通す根本的な指標になる。出生率の低下、出生数の減少から考察すると、わが国の将来は暗澹たる気持ちになる。

▼出生率から国の盛衰を読み込み見通したのが、エマニュエル・トッドだ。彼の二十代半ばの頃の業績『最後の転落』でソ連の崩壊を預言した。その後、一九七八年に、エレーヌ・カレール＝ダンコース女史が、イスラム教徒の急激な増大など宗教問題を絡ませて『崩壊したソ連帝国』を出版し、フランスでベストセラーになった。ソ連崩壊の一三年前だ。この手法は、デモグラフィと呼ばれ、歴史人口学とも人口動態学とも訳される。社会分析に最も有効な科学的手法であることは、欧米の常識にはなっているが、わが国はこの手法で社会を分析する学者はまだ多くない。

▼フランスで一九二九年に『アナール――経済・社会・文明』という全体史の「歴史学」が誕生した。リュシアン・フェーヴル、マルク・ブロックが第一世代、それに続いて、第二世代にフェルナン・ブローデル、エルネスト・ラブルースらが居る。先日、亡くなったエマニュエル・ル＝ロワ＝ラデュリ氏は、ル＝ゴフらと共に第三世代の重鎮であり重要な仕事を残して来た。日本に最初に紹介した本『新しい歴史』の構成を見ると全貌がわかる。「動かざる歴史」「歴史における数量的なもの」「人口動態と社会」「気候　人間のいない歴史」「社会史における事件と構造」「農村文明」「新しい死の歴史」「危機と歴史家」……。これを見ても、今われわれが問題としているものはすべて入っていることがわかる。

▼もちろんこの中に、人口動態が入っていることは言うまでもない。この本をわが国に紹介したのが、一九八〇年一二月。それから四三年も経っている。わがアカデミズムで、歴史や社会を分析するための有効な道具であることが今なお蔑ろにされているように思えてならない。イデオロギーに囚われている時代ではない。若い勇気ある学徒の湧出を期待したい。（亮）